Luzides Träumen

Ein einfacher Leitfaden zur Kontrolle von Träumen, zur Verbesserung des Schlafs, zur Steigerung des Wohlbefindens und zur Überwindung von Albträumen und Schlaflähmungen

© Copyright 2023

Alle Rechte vorbehalten. Kein Teil dieses Buches darf in irgendeiner Form ohne schriftliche Genehmigung des Autors reproduziert werden. Rezensenten dürfen in Besprechungen kurze Textpassagen zitieren.

Haftungsausschluss: Kein Teil dieser Publikation darf ohne die schriftliche Erlaubnis des Verlags reproduziert oder in irgendeiner Form übertragen werden, sei es auf mechanischem oder elektronischem Wege, einschließlich Fotokopie oder Tonaufnahme oder in einem Informationsspeicher oder Datenspeicher oder durch E-Mail.

Obwohl alle Anstrengungen unternommen wurden, die in diesem Werk enthaltenen Informationen zu verifizieren, übernehmen weder der Autor noch der Verlag Verantwortung für etwaige Fehler, Auslassungen oder gegenteilige Auslegungen des Themas.

Dieses Buch dient der Unterhaltung. Die geäußerte Meinung ist ausschließlich die des Autors und sollte nicht als Ausdruck von fachlicher Anweisung oder Anordnung verstanden werden. Der Leser / die Leserin ist selbst für seine / ihre Handlungen verantwortlich.

Die Einhaltung aller anwendbaren Gesetze und Regelungen, einschließlich internationaler, Bundes-, Staats- und lokaler Rechtsprechung, die Geschäftspraktiken, Werbung und alle übrigen Aspekte des Geschäftsbetriebs in den USA, Kanada, dem Vereinigten Königreich regeln oder jeglicher anderer Jurisdiktion obliegt ausschließlich dem Käufer oder Leser.

Weder der Autor noch der Verlag übernimmt Verantwortung oder Haftung oder sonst etwas im Namen des Käufers oder Lesers dieser Materialien. Jegliche Kränkung einer Einzelperson oder Organisation ist unbeabsichtigt.

Inhaltsverzeichnis

EINFÜHRUNG 1
GRUNDLAGEN DES LUZIDEN TRÄUMENS 4
    KAPITEL 1: DIE WISSENSCHAFT DES LUZIDEN TRÄUMENS 5
    KAPITEL 2: HÄUFIGE MISSVERSTÄNDNISSE ÜBER DAS LUZIDE TRÄUMEN 16
    KAPITEL 3: DIE VORBEREITUNG AUF DAS LUZIDE TRÄUMEN 26
DER BEGINN DES LUZIDEN TRÄUMENS 37
    KAPITEL 4: GRUNDLEGENDE INDUKTIONSTECHNIKEN 38
    KAPITEL 5: TRAUMKONTROLLE I: TRAUMSTABILISIERUNGSMETHODEN 49
    KAPITEL 6: TRAUMKONTROLLE II: GEWÖHNUNG AN IHREN TRAUMKÖRPER 59
    KAPITEL 7: TRAUMOBJEKTE UND TRAUMSYMBOLE 69
AKTIVITÄTEN ZUM LUZIDEN TRÄUMEN 79
    KAPITEL 8: TRAUMGESTALTEN UND BEGEGNUNGEN 80
    KAPITEL 9: DIE ERKUNDUNG IHRER TRAUMLANDSCHAFT UND DIE 10 WICHTIGSTEN DINGE, DIE SIE DORT TUN SOLLTEN 92
    KAPITEL 10: DIE INTERAKTION MIT IHREN GEISTFÜHRERN 103
    KAPITEL 11: EIN TRAUM-HEILIGTUM SCHAFFEN 112
    KAPITEL 12: WIE MAN SICH SELBST IN DER TRAUMWELT HEILT 121
    KAPITEL 13: ÜBERWINDUNG VON ALBTRÄUMEN UND SCHLAFLÄHMUNGEN 131

KAPITEL 14: AUFWACHEN (UND DEM GANZEN EINEN SINN GEBEN) 141

KAPITEL 15: LUZIDE KUNST UND LITERARISCHES SCHAFFEN 151

KAPITEL 16: VERBESSERN SIE IHR LEBEN MIT LUZIDEM TRÄUMEN 160

BONUS-KAPITEL: CHECKLISTE „LUZIDES TRÄUMEN".............................. 168

REFERENZEN 174

Einführung

Wenn Sie dieses Buch lesen, dann haben Sie das Phänomen des luziden Träumens wahrscheinlich bereits am eigenen Leibe erlebt. Wurde Ihnen im Schlaf schon einmal bewusst, dass Sie träumten. Haben Sie sich gefragt, wie es möglich sein kann, dass Sie im Traum aufgewacht sind?

Bis vor kurzem glaubte man, dass Träume nur in der REM-Phase (Rapid Eye Movement Phase, oder Phase der „schnellen Augenbewegung") des Schlafzyklus auftreten. Doch 2016 haben Forscher der finnischen Aalto-Universität in Zusammenarbeit mit Kollegen an der Universität von Wisconsin die Gehirnaktivität während der NREM-Phase (non-rapid eye movement, oder Phase der „nicht-schnellen Augenbewegung") des Schlafs gemessen. Durch diese Messungen entdeckten sie, dass manche Menschen auch in dieser Schlafphase träumen und dass ihre Gehirnaktivität während dieser Zeit der von Menschen im Wachzustand ähnelt. Für dieses Forschungsprojekt wurde ein Gerät zur transkraniellen Magnetstimulation mit Elektroenzephalographie (TMS-EEG) verwendet, das in der Lage ist, Veränderungen in der Neurophysiologie des Gehirns zu erkennen.

Das TMS-EEG hat Forschern in zahlreichen Studien wichtige Informationen über das Bewusstsein im Schlaf, unter Narkose, im Wachzustand und in einem Zustand, der als vegetativ bezeichnet wird, geliefert. Die Erforschung der Funktionsweise des Bewusstseins in all diesen physiologischen Zuständen hat einen potentiellen Nutzen bei der Behandlung von TBIs (Patienten mit traumatischen Hirnverletzungen, sogenannten „Traumatic Brain Injuries") bei nonverbalen Patienten. Die

TMS wird bereits zur Behandlung von Krankheiten wie Depressionen und zum Kurzschluss von Schmerzbotschaften an das Gehirn eingesetzt, wodurch chronische und akute Schmerzen gelindert werden können.

Das Nutzungspotential dieser Forschungsprojekte bedeutet, dass es wissenschaftliche Unterstützung für die Erforschung des luziden Träumens gibt. Diese Unterstützung begann sich insbesondere ab 1975 aufgrund der Arbeit von Kenneth Hearne zu intensivieren. Hearne ist ein Parapsychologe, der entdeckte, dass bei Menschen, die luzide Träume erleben, schnelle Augenbewegungen auftreten. Während sich seine Erkenntnisse ursprünglich noch auf die REM-Phase des Schlafzyklus beschränkten, entdeckte er später auch, dass das luzide Träumen immer auf die REM-Aktivität folgte - die Forschung von 2016 verortet luzides Träumen sowohl in NREM- als auch in REM- oder REM-nahen Bereichen des Schlafzyklus.

Heutzutage, im 21. Jahrhundert, gibt es also bereits eine kleine Anhäufung von Beweisen dafür, dass das luzide Träumen real ist und - was noch wichtiger ist - dass es sehr vorteilhaft ist, wenn man weiß, wie man es kontrollieren kann. Und wenn Sie ein introspektiver Mensch sind - jemand, der viel Zeit mit seinen Gedanken verbringt, sie ordnet und ihnen einen Sinn gibt -, so ist es viel wahrscheinlicher, dass Sie die Fähigkeit zum luziden Träumen haben. Wahrscheinlich haben Sie sogar bereits luzide Träume erlebt. Sie wussten zu dem Zeitpunkt aber vielleicht noch nicht, dass Sie diese auch kontrollieren konnten!

Wenn Sie die Kontrolle über das luzide Träume erlangen, werden Sie die folgenden Veränderungen feststellen:

- Ihre Ängste werden abgebaut. Das luzide Träumen kann den Menschen ein Gefühl der Befähigung und Kontrolle vermitteln. Wenn Sie in einem Zustand des akuten Bewusstseins träumen, haben Sie im Traum auch die Kontrolle über das Geschehen. Sie wissen auch, wie der Traum enden soll. Dies kann für Menschen, die mit wiederkehrenden Albträumen zu kämpfen haben, von großem Nutzen sein, insbesondere dann, wenn diese an einer posttraumatischen Belastungsstörung (PTBS), Depression, Drogenmissbrauch oder Schlaflosigkeit leiden. Auch Schlaflähmungen können durch luzides Träumen wirksam behandelt werden.

- Ihre Koordination verbessert sich. Das luzide Träumen kann Ihre motorischen Fähigkeiten verbessern. Wenn Sie die motorischen Fähigkeiten, die Sie verbessern möchten, in einem luziden Traum visualisieren, aktivieren Sie den Teil des Gehirns, der für die Ausführung der Bewegungen verantwortlich ist. Sie erzielen dadurch den gleichen Effekt, als ob Sie die physische Aktivität, die Sie visualisieren, tatsächlich ausgeführt hätten.

- Verbessertes Problemlösungsverhalten. Forscher haben auch Hinweise darauf gefunden, dass luzides Träumen die Kreativität bei der Lösung von Problemen fördert und über die reine Logik hinausgeht. Ihre Kreativität wird durch regelmäßiges luzides Träumen generell verbessert.
- Besserer Schlaf und allgemeines Wohlbefinden. Wenn Sie des luziden Träumens mächtig sind, können Sie sich allen Herausforderungen stellen, die das Leben für Sie bereithält. Die Fähigkeit, das eigene Bewusstsein effektiv zu nutzen, ist ein enormer Vorteil im Leben, der den Praktizierenden mit gesteigertem Selbstvertrauen und einem beständigeren Gefühl des persönlichen Wohlbefindens belohnt.

Ich freue mich, die Konzepte, Methoden und Ratschläge in diesem Buch mit Ihnen zu teilen, da ich weiß, dass das luzide Träumen so vielen Menschen in ihrem Leben wirklich weiterhelfen kann. Ich danke Ihnen, dass Sie sich die Zeit genommen haben, dieses Buch zu lesen, und hoffe, dass Sie aus den darin enthaltenen Informationen einen lebensverändernden Nutzen ziehen werden.

Lassen Sie uns also keine Zeit verschwenden! Blättern Sie weiter, um mehr darüber erfahren, wie Sie Ihr Gehirn trainieren können, um luzide zu träumen!

Grundlagen des luziden Träumens

Kapitel 1: Die Wissenschaft des luziden Träumens

„Ich sage also, was nur irgendein Vermögen besitzt, es sei nun, ein anderes zu irgendetwas zu machen oder, wenn auch nur das mindeste von dem allergeringsten zu leiden, und wäre es auch nur einmal, das alles sei wirklich. Ich setze nämlich als Erklärung fest, um das Seiende zu bestimmen, dass es nichts anderes ist als das, was vermag."

Platon, Sophistischer Dialog, 360 v. Chr.

Empirische Belege für die Behauptungen, die ich in diesem Buch aufstelle, gibt es zuhauf. Deshalb möchte ich in diesem Kapitel einige der Forschungsergebnisse und Beweise, die sich aus der Forschung ergeben, mit Ihnen teilen, denn ich möchte, dass Sie sich mit dem, was Sie hier lesen werden, wohl fühlen und zuversichtlich sind, dass die Informationen auf empirischer Forschung basieren.

Sie werden auch etwas über das luzide Träumen in der Geschichte und Kultur lesen, um ein ganzheitlicheres Verständnis der langfristigen Beziehung der Menschheit zu diesem Thema zu entwickeln.

Wie ich bereits in der Einleitung erwähnt habe, begann die Erforschung des luziden Träumens 1975 und wurde von einem Parapsychologen durchgeführt. Aber die prominenteste Stimme in der Erforschung des luziden Träumens ist zweifellos Stephen LaBerge.

Als *Psychophysiologe* (der sich mit den physiologischen Grundlagen der Psychologie in den Nerven- und anderen Körpersystemen befasst) begann LaBerge während seiner Promotion an der Sanford University, die Grundlagen für seine Thesen zum luziden Träumen zu untersuchen.

Damals wurde die Idee des luziden Träumens mit großem Misstrauen betrachtet. Wie wir in der Einleitung erörtert haben, glaubte man, dass Träume jeglicher Art nur während des Rapid-Eye-Movement-Schlafs stattfanden. Heute wissen wir, dass dies nur ein Teil der wahren Geschichte ist.

Im weiteren Verlauf dieses Buches werden wir Dr. LaBerge besuchen und mehr über einige Methoden lesen, mit denen er sich selbst das luzide Träumen beibrachte. Vorerst werden wir über die Wissenschaft und ihre allmähliche Anerkennung des luziden Träumens als ein Phänomen des menschlichen Bewusstseins sprechen.

Was ist die Bewusstheit?

Der Wunsch, die Natur des menschlichen Bewusstseins zu ergründen, ist seit Jahrtausenden das Mahlgut der philosophischen und wissenschaftlichen Mühlen.

Der griechische Philosoph Platon glaubte, dass Bewusstsein Macht bedeutet - dass etwas nur dann wirklich existieren konnte, wenn es in der Lage war, die Welt um sich herum zu beeinflussen. Platon beschrieb das menschliche Bewusstsein einfach als das „Seiende". Viele Menschen adaptierten Platons Konzept des Bewusstseins und trieben es in der philosophischen Forschung immer weiter voran, vom Philosophen Renee Descartes („cogito ergo sum" oder „Ich denke, also bin ich") bis zu Jean-Paul Sartre (Existenzialismus) und seinem Zeitgenossen Maurice Merleau-Ponty (Phänomenologie) im 20. Jahrhundert.

Im Jahr 2008 entwickelte Giulio Tononi vom Center for Sleep and Consciousness der Universität von Wisconsin Madison die „integrierte Informationstheorie", die als die bisher umfassendste Erklärung des menschlichen Bewusstseins gilt. Das Bemerkenswerte daran ist, dass der Neurowissenschaftler Tononi wie Plato die zentrale These vertritt, dass das Bewusstsein ein aktiver Akteur sei, der die Macht habe, Ursache und Wirkung sowohl auf den Ort des Bewusstseins (das sind Sie, meine Freunde) als auch auf die Welt um ihn herum auszuüben.

Melanie Boly, eine Neurologin an der Universität von Wisconsin, an der School of Medicine and Public Health, ist eine Kollegin von Tononi und arbeitet daran, einen Plan für die Prüfung der Aussagen der integrierten Informationstheorie zu schaffen.

Ihr Gefühl dabei ist es, dass die Theorie richtig ist, und dass die Tatsache, dass sie Platons Konzeption des Bewusstseins rechtfertigt, einfach erstaunliche Hinweise liefert. Durch philosophische Untersuchungen hat dieser antike Philosoph den Weg zur Erforschung der Natur des Bewusstseins gewiesen – ein Ansatz, der sich mehr als 2.000 Jahre später als wissenschaftlich sinnvoll erwiesen hat.

Integrierte Informationstheorie

Johannes Kleiner, der theoretische Physiker und Mathematiker am Münchner Zentrum für mathematische Philosophie, ist der Ansicht, dass die Erforschung des Bewusstseins mit der Erforschung der Physik verknüpft werden muss, um unser Wissen darüber zu erweitern, wie wir die Welt im größeren Kontext des Universums wahrnehmen und wie unsere Wahrnehmung funktioniert.

In Zusammenarbeit mit Sean Tull, einem Mathematiker der Universität Oxford, wurden die philosophischen Grundlagen der Studien, die zur Untersuchung des Bewusstseins aus mathematischer und philosophischer Sicht durchgeführt wurden, auf der Grundlage des sogenannten „Panpsychismus" erarbeitet. Dieser Bereich der Philosophie geht davon aus, dass alle Materie bis zu einem gewissen Grad ein Bewusstsein hat, selbst das kleinste Teilchen, denn das sei eine Bedingung für ein bewusstes Universum.

Um jedoch eine empirische Grundlage für die Behauptung eines universellen Bewusstseins in der Materie zu schaffen, sind Kleiner und Tull dabei, einen mathematischen Rahmen auf der Grundlage des menschlichen Gehirns zu entwickeln. Was ist zum Beispiel die bewusste Erfahrung eines Computers? Mit den aus derartigen Überlegungen abgeleiteten Daten kann ein größerer Rahmen konstruiert und mit anderen materiellen Realitäten verbunden werden – Computer sind nur eine Möglichkeit, um diesen Ansatz umzusetzen.

Fragen Sie einfach Gerry Kasparow oder Hal aus dem Buch 2001: Odyssee im Weltraum! (Gerry Kasparow hat bekanntlich eine Schachpartie gegen einen Computer namens „Big Blue" verloren, und Hal war ein empfindungsfähiger Computer in einer Raumstation, der ein wenig von sich selbst eingenommen war).

Der Panpsychismus ist zwar momentan noch ein Randgebiet der wissenschaftlichen Forschung, aber er verspricht, Tononis integrierte Informationstheorie zu bestätigen, indem er die genaue Natur des

Bewusstseins bestimmt und dessen Reichweite und Umfang im Universum festlegt. Und in der präzisen Natur des Bewusstseins liegt die enorme Kraft des luziden Träumens.

Die Wissenschaft des luziden Träumens

Die im Mai 2016 veröffentlichte Studie „*Lucid Dreaming and the Big Five Personality Factors*" *(Luzides Träumen und die wichtigsten fünf Persönlichkeitsfaktoren)* fand eine starke Korrelation zwischen den Persönlichkeitsmerkmalen und der Häufigkeit, mit der Menschen luzide Träume erlebten.

Zu Ihrer Information: Die fünf Persönlichkeitsfaktoren sind:

- Extraversion
- Introversion
- Neurotizismus
- Verträglichkeit
- Offenheit
- Gewissenhaftigkeit

Diejenigen, die die Persönlichkeitseigenschaft „Offenheit" zeigten, hatten viel häufiger luzide Träume, während diejenigen mit der Eigenschaft „Verträglichkeit" viel seltener luzide Träume erlebten. Interessanterweise erlebten diejenigen, die die Eigenschaft „Neurotizismus" (Depression oder Angststörungen) hatten, ebenfalls sehr viel häufiger luzide Träume.

Dieselbe Studie ergab, dass 51 % der Menschen irgendwann einmal luzide Träume hatten, während 20 % der Studienteilnehmer regelmäßig luzide Träume hatten, und zwar etwa einen pro Monat.

Ein weiteres bemerkenswertes Ergebnis der Studie ist, dass Kinder ab einem Alter von etwa 3 Jahren viel häufiger regelmäßig luzide Träume haben. In der Pubertät beginnt die Häufigkeit luzider Träume zu sinken. Im Alter von etwa 25 Jahren hört das spontane luzide Träumen dann ganz auf.

Die neurobiologische Grundlage für luzides oder reflektierendes / bewusstes Träumen ist unklar. Eine Studie aus dem Jahr 2018 entdeckte jedoch eine Verbindung zwischen dem frontopolaren Kortex und dem temporoparietalen Assoziationsbereich. Die Studie verglich die Ergebnisse einer Gruppe von Menschen, die drei luzide Träume pro Woche erlebten, mit denen einer anderen Gruppe, die einen luziden Traum pro Jahr erlebte. In der Studie wurden jedoch keine signifikanten Unterschiede in der Gehirnstruktur der beiden Gruppen festgestellt.

Der anteriore präfrontale Kortex und seine Beziehung zu metakognitiven Funktionen („Denken über das Denken" oder Selbstreflexion) sind hier besonders von Interesse.

Erst in diesem Jahr wurde eine Studie durchgeführt, bei der mit luziden Träumern interagiert wurde - während sie träumten. Wie Leonardo DiCaprio in dem Film „Inception" konnten die Forscher zum ersten Mal mit Menschen in ihrem Traumzustand kommunizieren.

Wegweisende Studie über luzides Träumen

Die Studie, an der Forscherteams aus den Niederlanden, Deutschland, Frankreich und den Vereinigten Staaten beteiligt waren, ging bei der Einrichtung einer wechselseitigen Kommunikation zwischen Forschern und Probanden weiter als frühere Studien.

Dabei wurden den Träumern Fragen gestellt, die bei früheren Schulungen für die Studie nicht gestellt worden waren. Es handelte sich um 36 Probanden. Einige von ihnen waren luzide Träumer mit fortgeschrittener Erfahrung, während andere noch nie in ihrem Leben einen luziden Traum gehabt hatten, sich aber an mindestens einen der normalen Träume erinnerten, die sie in der vorherigen Woche gehabt hatten. Alle Teilnehmer wurden darauf trainiert, zu erkennen, wann sie in einen Traumzustand eingetreten waren. Die Forscher erklärten das luzide Träumen und führten dann einfache Hinweise ein, die den Teilnehmern während des Träumens gegeben wurden. Dazu gehörten bestimmte Geräusche wie ein Klopfen mit den Fingern. Diese Hinweise sollten die Teilnehmer darauf aufmerksam machen, dass sie träumten.

Die Schlafsitzungen wurden zu verschiedenen Zeiten angesetzt - einige fanden nachts statt, andere am frühen Morgen. Jedes der vier beteiligten Forschungsteams verwendete ein anderes Mittel, um mit den Träumern zu kommunizieren. Einige setzten Blinklichter ein, während andere gesprochene Fragen verwendeten. Darüber hinaus wurden die Studienteilnehmer darauf trainiert, den Forschern zu signalisieren, wenn sie träumten. Dies geschah durch vorgeschriebene Hinweise mit Hilfe der Augen und des Gesichts.

Die Forscher verfolgten die Gehirnaktivität, die Kontraktionen der Gesichtsmuskeln und die Augenbewegungen, während die Teilnehmer einschliefen. Außerdem wurden den Teilnehmern EKG-Helme (Elektroenzephalogramm) mit Elektroden aufgesetzt.

Die Ergebnisse der Studie, die 57 einzelne Schlafsitzungen umfasste, zeigten, dass sechs Teilnehmer den Forschern signalisierten, dass sie in 15 von 57 Sitzungen luzides Träumen erlebten. Den Teilnehmern wurden „Ja"- oder „Nein"-Fragen und einfache mathematische Aufgaben gestellt, auf die sie mit den im Voraus vereinbarten Signalen antworteten. In der deutschen Forschungsgruppe wurden die Augenbewegungen durch Morsezeichen gesteuert.

Die vier Studiengruppen stellten den Träumern insgesamt 150 Fragen, die von 18,6 % der endgültigen Stichprobe richtig beantwortet wurden, wie in Current Biology berichtet wird. Nur 3,2 % der Fragen wurden falsch beantwortet, während 17,7 % der Antworten verstümmelt waren und als nicht entzifferbar galten. In 60,8 % der Stichprobe wurde keine Antwort gegeben.

Die Forscher der Studie kamen zu dem Schluss, dass die Ergebnisse einen „Konzeptnachweis" darstellten (d. h. die Ergebnisse waren zwar nicht eindeutig, aber sie waren auf dem richtigen Weg). Da die vier beteiligten Labore unterschiedliche Kommunikationstaktiken anwandten, bewies die Studie, dass es möglich war, mit Menschen im Traumzustand zu kommunizieren.

Nachdem die Forscher den Träumern eine Reihe von Fragen gestellt hatten, wurden sie geweckt und dazu aufgefordert, die Träume zu beschreiben, die sie erlebt hatten. Die Ergebnisse dieser Befragung sind interessant. In einem Fall gab ein Träumer an, die gestellten Mathematikfragen seien aus einem Autoradio bei ihm angekommen. In einem anderen Fall befand sich der Träumende auf einer Party und hörte die Fragen, als wären sie Teil einer Erzählung. Er erinnerte sich, dass er gefragt wurde, ob er Spanisch spreche.

Karen Konkoly, kognitive Neurowissenschaftlerin an der Northwestern Universität, stellte fest, dass die Studie darauf hinweist, dass es einen besseren Weg als bisher angenommen gab, um mehr über das Träumen im Allgemeinen und das luzide Träumen im Besonderen zu erfahren. Sie ist davon überzeugt, dass die in der Studie verwendeten Methoden und Strategien für Menschen, die ein Trauma erlebt haben, therapeutisch wertvoll sein können. Auch für die Behandlung von Depressionen und

Angstzuständen gibt es Hoffnung auf ein hohes Anwendungspotential.

Während die Beeinflussung der Träume von Menschen zu psychotherapeutischen oder anderen Zwecken nach wie vor im Bereich der Science-Fiction angesiedelt ist, war diese Studie in der Lage, erste Überlegungen anzuregen, die besagen, dass unsere Träume möglicherweise der Schlüssel zu einem Leben sein können, das nicht durch Traumata und andere Umstände beeinträchtigt wird. Die Ergebnisse der Studie deuten darauf hin, dass die Anwendung des luziden Träumens möglicherweise das Kreativitätsniveau beeinflussen und die Entwicklung von Fähigkeiten zur Problemlösung verbessern könnte.

Wenn der menschliche Geist in die Welt der Träume eintritt, betritt er die Welt seines Unterbewusstseins, die aus gespeicherten (aber nicht unbedingt aktiv ausgewählten) Erinnerungen besteht. Mit dieser neuen Methodik für die Kommunikation mit Menschen im Traum kann uns das Zwei-Wege-Kommunikationsmodell in der wissenschaftlichen Forschung erweiterte Einblicke in die Welt der Träume, den sogenannten Spielplatz des Unterbewusstseins, geben.

Luzides Träumen in Geschichte, Religion und Philosophie

Luzides Träumen mag in der Vorgeschichte der Menschheit eine Rolle gespielt haben, aber wir wollen uns hier auf die aufgezeichnete Geschichte beschränken.

Beschreibungen des luziden Träumens reichen bis mindestens in das Jahr 1.000 v. Chr. zurück, wo sie erstmals in den hinduistischen Upanishaden erwähnt werden. Es gibt dort sogar bereits einen Namen für das luzide (oder bewusste) Träumen – „Prajna". Das Wort beschreibt einen Zustand, in dem der Träumende zwei parallele Realitäten im Kopf hat. Der Träumende ist sich bewusst, dass er in Prajna gleichzeitig den Traumzustand und seinen schlafenden Körper bewohnt, und er erkennt beide Zustände in seinem Geist.

Prajna ist sowohl im Hinduismus als auch im Buddhismus die angestrebte Stufe der spirituellen Erleuchtung, die auch in der Praxis des Yoga Nidra (im Westen ist dies als „Traum-Yoga" bekannt) aktiv angestrebt wird. Yoga Nidra, das neben anderen asiatischen philosophischen Bewegungen auch vom tibetischen Buddhismus anerkannt wird, hat das luzide Träumen als spirituelles Streben in ganz

Asien populär gemacht, wo das luzide Träumen seit über 30 Jahrhunderten anerkannt ist.

Während sich der Einfluss indischer spiritueller Praktiken in Tibet zu verbreiten begann, wird das luzide Träumen in der Bonpo-Tradition seit über 12.000 Jahren als spirituelles Werkzeug genutzt, wie Praktiker berichten. Bonpo ist eine animistische, indigene Tradition und der einheimische Vorläufer des tibetischen Buddhismus.

Im Westen war Aristoteles der Erste, der das luzide Träumen in seinem Buch „Über Träume" (350 v. Chr.) beschrieb, und zwar mit den Worten: „... wenn wir schlafen, gibt es etwas im Bewusstsein, das uns sagt, dass das, was sich zeigt, nur ein Traum ist".

Jahrhunderte später, im Jahr 415 n. Chr., zeichnete der heilige Augustinus die Beobachtungen auf, die ihm von Gennadius, einem Arzt in Karthago, in luziden Träumen berichtet wurden (Brief des Augustinus an den Priester Evodius). Es wird von zwei Träumen berichtet, in denen Gennadius die Erscheinung eines Jünglings beschreibt, der in beiden Träumen vorkommt. Die beiden diskutieren den Bewusstseinszustand von Gennadius und debattieren, ob dieser träumte oder wach war, als er diese Erscheinungen sah.

Im zweiten Traum fragt der Jugendliche Gennadius, ob er ihn wiedererkennt und wenn ja, woher. Gennadius bestätigt, dass er ihn erkennt. Der junge Mann erklärt Gennadius, dass die beiden sich aus dem vorherigen Traum bereits kennen. Sie kommen zu dem Schluss, dass Gennadius gleichzeitig bei Bewusstsein und im Traumzustand ist – dass er also das luzide Träumen erlebt. Der Wert der Geschichte besteht darin, dass Gennadius Zweifel am Leben nach dem Tod hatte. Der zweiteilige luzide Traum bestätigte die Existenz eines Lebens nach dem Tod und zerstreute damit die Zweifel des Gennadius in dieser wichtigen existentiellen Fragestellung.

Das luzide Träumen ist im historischen Islam sehr präsent, insbesondere bei den Mystikern des Glaubens.

Lailat al-Miraj beschreibt eines der wichtigsten Ereignisse im Leben des Propheten Mohammed (570 - 632 n. Chr.) und eines der wichtigsten Daten im islamischen Kalender. Lailat al-Miraj ist eine zweiteilige spirituelle und physische Reise und beschreibt zwei unterschiedliche Ereignisse, die in derselben Nacht stattfinden:

- **Die Isra** - Im ersten Teil der Reise reitet der Prophet auf einem geflügelten Pferd zu einem weit entfernten Ort des Gebets, wo er

mit anderen Propheten gemeinsam betet.
- **Der Mi-raj** - Auf dem zweiten Teil der Reise steigt der Prophet zum Göttlichen auf. Daraufhin teilt Gott Mohammed die esoterischen Details der Gebete mit und weist den Propheten an, diese an die Menschen weiterzugeben.

Die Parallelen zum luziden Träumen, die im Koran (Sure Al-Isra) und ausführlicher in den Hadithen beschrieben werden, sind eindeutig. Ähnlich wie die Vision des Wagens im biblischen Buch Hesekiel beschreibt die Lailat al-Miraj eine Erfahrung, die irgendwo zwischen Wachzustand und Traum liegt. In der Erfahrung des Propheten liegen die Wurzeln der Lehren der islamischen Mystiker, insbesondere der Sufis. Aber auch andere muslimische Denker berichteten von ähnlichen Erfahrungen, in denen es um die Traumdeutung ging.

Ibn El-Arabi, ein Sufi aus dem 12. Jahrhundert, glaubte, dass die Fähigkeit, das Bewusstsein im Traum zu kontrollieren und die Handlung zu steuern, eine Art Lackmustest für Mystiker sei, und schlug das luzide Träumen als Übergangsritus für diejenigen vor, die diesen Status anstrebten.

Im 15. Jahrhundert berichtete der persische Sufi-Mystiker Schamsoddin Lahiji von einer Vision, die ihm während seiner Meditationen widerfuhr. Darin sah er, „dass das gesamte Universum in seiner Struktur aus Licht besteht."

Wir können zwar nicht nachweisen, dass es sich dabei um luzide Träume in dem Sinne handelte, wie wir sie uns im Sinne dieses Buches vorstellen, aber Visionen und ihre kulturelle Bedeutung sind unverkennbar ein wichtiges Merkmal aller drei monotheistischen Religionen des Nahen Ostens. Dies zeigt sich in der hebräischen Schrift in Visionen von tanzenden Knochen, geheimnisvollen, furchterregenden Theophanien und Streitwagen mit Tausenden von Augen. Im Christentum finden wir ein Beispiel in der Beschreibung der 40 Tage, die Jesus in der Wüste verbringt. In der langen Geschichte aller drei großen monotheistischen Religionen wird die Tradition der Träume und Visionen in den Reihen der Mystiker des jüdischen, christlichen und islamischen Glaubens fortgesetzt.

Trotz der unterschiedlichen kulturellen Bedeutung der Traumdeutung gibt es Unterschiede bei der Einschätzung der Signifikanz von Träumen und Visionen. Beispielsweise ist nicht immer klar, ob es einen Unterschied zwischen Träumen und Visionen gibt – aber der gemeinsame

Nenner, die Wichtigkeit der Träume für die menschliche Natur, ist klar. Vom Osten bis zum Westen hat uns die aufgezeichnete Geschichte viele Beispiele für Traumaufzeichnungen geliefert, die dem Inhalt und dem Ton luzider Träume zu ähneln scheinen. Solche Träume in unzusammenhängenden, globalen Kulturen weisen auf eine grundlegende Wahrheit über das luzide Träumen hin: Es handelt sich sowohl um eine relativ allgemeine menschliche Erfahrung als auch um eine, die einem bestimmten spirituellen Zweck dient.

Kulturelle Auswirkungen

Laut einer Studie mit dem Titel „Lucid dreaming: Effects of culture in a US American sample" (Schredl, M. & Bulkley, K. 2020) bestehen wesentliche Unterschiede zwischen überwiegend individualistischen Kulturen und solchen, die einem gemeinschaftlichen soziokulturellen Modell folgen.

Die Studie ergab, dass diese kulturellen Unterschiede in ihrer Stichprobe von 3.992 Teilnehmern im Alter von mindestens 18 Jahren sehr ausgeprägt waren. Der Anteil der Teilnehmer, die luzides Träumen erlebten, lag bei 35,72 %.

Es zeigte sich ein deutlicher Unterschied zwischen den lateinamerikanischen Teilnehmern und den Teilnehmern mit europäischem Erbgut, wobei die Amerikaner mit europäischem Erbe (Kaukasier) häufiger luzide Träume hatten. Der Grund für diese Diskrepanz ist vermutlich der Gegensatz zwischen Individualismus und Gemeinschaftlichkeit in den beiden Kulturkreisen, wobei Kaukasier eher individualistisch und Latinos eher gemeinschaftlich orientiert leben.

Die Studie kommt jedoch zu dem Schluss, dass diese Unterscheidung weitere Untersuchungen erfordert, um den möglichen Einfluss der Kultur auf eine breitere Stichprobe von Teilnehmern anzuwenden und auf diese Weise zu verifizieren.

Wie bereits erwähnt, hat das luzide Träumen in westlichen religiösen Kontexten eine lange und illustre Geschichte. Doch im Christentum wurde das Träumen seit dem Aufkommen des Römischen Reiches und dem Aufstieg des Christentums zur Reichsreligion unter der Führung der katholischen Kirche mit Misstrauen und manchmal sogar mit Feindseligkeit betrachtet. Thomas von Aquin (1225 - 1274) glaubte zum Beispiel, dass es vier spezifische Arten von Träumen gab, von denen der vierte entweder von Gott, Dämonen oder anderen geistigen Wesenheiten erzeugt wird.

Aquins Haltung gegenüber der Rolle der Träume in der Spiritualität war nicht völlig ablehnend. Er glaubte jedoch, dass die meisten prophetischen Träume höchstwahrscheinlich dämonische Täuschungen waren.

Erst im 17. Jahrhundert tauchte das luzide Träumen im Westen aus seinem Exil auf und fand in der europäischen Aufklärung Anklang. In dieser Zeit konzentrierte sich die populäre Philosophie auf die Entdeckung des Innenlebens und pries den Wert des rationalen menschlichen Geistes.

Rene Descartes (1596 - 1650) war ein glühender Anhänger des luziden Träumens und hielt seine eigenen Erfahrungen mit diesem Phänomen in einem 12-seitigen Manuskript fest, das nie veröffentlicht wurde und schließlich verloren ging. Sein Denken über diese Träume beeinflusste jedoch weiterhin seine Arbeit. Das private Dokument mit den Traumaufzeichnungen wurde zu dem, was heute als *Olympica* bekannt ist.

Die Olympica, die bis zur Veröffentlichung der Biografie von Descartes (1691) unbekannt blieb, beschreibt drei Träume des Philosophen in der Nacht des 10. November 1619. Was Descartes als 23-jähriger Mann erlebt haben soll, sollte den Lauf der Philosophiegeschichte verändern.

Im ersten der drei Träume spürt der schlafende Descartes eine Schwäche auf seiner rechten Seite, so dass er sich auf die linke Seite rollt, was den zweiten Traum auslöst (Traumzustand + Körperwahrnehmung = klares Träumen). Als Descartes im zweiten Traum durch ein lautes, krachendes Geräusch erwacht, sieht er in der Dunkelheit seines Zimmers Lichter blinken.

Der dritte Traum ist sehr detailliert. Descartes spürt ein Buch in seiner Hand und fühlt sich gezwungen, etwas darin zu lesen. Er tut dies und liest die Frage: „Welchen Weg des Lebens soll ich einschlagen?" Descartes misst dieser Serie von Klarträumen eine enorme Bedeutung zu und behauptete fortan, dass sie der Grund dafür gewesen seien, dass er den Lebensweg wählte hat, den er dann auch einschlug.

Obwohl das luzide Träumen eine lange, weltweite Geschichte hat, und obwohl es empirische, wissenschaftliche Unterstützung für dessen Existenz gibt, wirft es immer noch Missverständnisse auf. Unsere nächste Aufgabe wird es also sein, einige dieser Missverständnisse zu korrigieren und auszuräumen.

Kapitel 2: Häufige Missverständnisse über das luzide Träumen

„*Menschen halten einen für verrückt, wenn man über Dinge spricht, die sie nicht verstehen*"

Elvis Presley

Verstehen ist das, was die Welt bewegt. Wenn wir alle einander und die Welt um uns herum so gut verstehen würden, wie wir es sollten, könnte man ohne weiteres behaupten, dass die Welt ein friedlicherer Ort wäre.

Und ein Teil des Problems des öffentlichen Profils des luziden Träumens ist auch heute noch, dass es oft missverstanden wird. Es wird zum Beispiel oft mit Astralprojektion (oder anderen Arten von außerkörperlichen Erfahrungen) oder mit schamanischem Reisen verwechselt.

Wir werden diese beiden Bewusstseinszustände im Folgenden dem luziden Träumen gegenüberstellen. Da wir aber über falsche Vorstellungen sprechen, sollten wir uns vielleicht einen Moment Zeit nehmen, um die verzerrte Sichtweise zu würdigen, die die Medien manchmal gegenüber Konzepten einnehmen, die unsere traditionellen Vorstellungen vom menschlichen Bewusstsein in Frage stellen. Der Fall von Jared Loughner ist ein ziemlich ergreifendes Beispiel dafür.

Am 8. Januar 2011 tötete Jared Loughner vor einem Safeway in Tucson, Arizona, sechs Menschen und verletzte 14 weitere. Unter den Verletzten befand sich auch die US-Abgeordnete Gabby Giffords, die später besonders für ihren Mut während der Genesung von ihren schweren Verletzungen bekannt wurde.

Loughner war besessen von Filmen wie Matrix und Inception und hatte eine Vorliebe für luzide Träume. Als nicht diagnostizierter Schizophrener war Loughner von seinem Community College verwiesen worden. Berichten zufolge fühlten sich mehrere Mitstudenten in seiner Gegenwart unwohl.

In einer Reihe von YouTube-Videos schien Loughner die Realität mit einer Traumwelt zu verwechseln, die ihn stark beeinflusste. Als Mensch mit Schizophrenie war Loughners Wahrnehmung der Realität bereits durch seine psychische Erkrankung beeinträchtigt. Es ist gut möglich, dass die Idee des luziden Träumens ihm eine verständliche Erklärung für seinen geistlichen Zustand bot, den er einfach nicht richtig verstand.

Nachrichtenorganisationen im ganzen Land griffen das Thema des luziden Träumens auf und brachten Schlagzeilen mit der Frage, ob Loughner dachte, dass er träumte, als er die Gräueltat in Tucson beging.

Die Loughner-Geschichte hatte lange Jahre einen negativen Einfluss und war so lange von Interesse, da ihr noch mehr düstere Beispiele hinzugefügt werden konnten. Zu diesen gehören viele Artikel, die in den populären Medien und durch das Internet verbreitet worden sind. Da war von satanischen Sekten die Rede, die Kinder ermorden, und alles, um mehr Zeitungen zu verkaufen. Oft stellten diese Berichte Zeitungen und Werbeorganisation als schattenhafte Einzelkämpfer gegen die Bedrohung durch das luzide Träumen da. Die Darstellung von Jared Loughner, der glaubte, dass er träumte, während er seine Verbrechen beging, passt gut in diese Beschreibung des luziden Träumens, welches die Missverständnisse noch weiter fördert.

Aber der Fall von Loughner ist nicht das einzige wichtige Beispiel. Hollywood hat das luzide Träumen sensationalisiert, wobei das nicht allein seine eigene Schuld ist. Zwar ist die Filmindustrie nicht unbedingt für die wörtliche Interpretation fiktionaler Inhalte verantwortlich, aber es ist klar, dass es ein Problem mit der öffentlichen Interpretation von Filmen gibt, die oft an einen Glauben ans Fantastische grenzt. Die Verdinglichung (ein Vorgang, bei dem ein abstraktes, theoretisches Konstrukt als konkrete Wahrheit dargestellt wird) der „Illuminati" in The

Da Vinci Code ist ein gutes Beispiel für dieses Phänomen. In der Vorstellung wird eine Grenze überschritten, und plötzlich erschießt ein junger Mann mit Schizophrenie unschuldige Menschen – „weil er träumt".

Als Orson Welles' <u>Krieg der Welten</u> 1938 im Radio ausgestrahlt wurde, löste er bei den Hörern eine Massenpanik aus. Die Grenze zwischen Fantasie und Realität war überschritten worden, was zu einer verstörenden öffentlichen Reaktion und Empörung führte. Diese Grenze ist noch leichter zu überschreiten, wenn der Hörer an einer psychischen Erkrankung leidet, die die Realität weiter verzerrt.

Das luzide Träumen mit der Realität der materiellen Welt in Verbindung zu bringen, ist problematisch und deutet auf eine psychische Störung hin. Dies wird durch Loughners Besessenheit vom luziden Träumen belegt. Nachdem er einen verständlichen Rahmen für sein gestörtes Denken gefunden hatte, glaubte Loughner, dass seine „Traum"-Handlungen belanglos seien, da sie nicht in der materiellen Welt, sondern in der Traumwelt stattfanden.

Die Loughner-Geschichte ist nur ein Beispiel dafür, wie Medienhype und Fehldarstellungen manchmal zu einer Suppe der öffentlichen Leichtgläubigkeit verschmelzen können, und leider ist auch das luzide Träumen diesem Prozess zum Opfer gefallen. Ein Grund, warum ich dieses Buch schreiben wollte, ist der Wunsch, einen Beitrag zu der wachsenden Zahl positiver Beweise für die Realität und den enormen Nutzen des luziden Träumens für die Menschheit zu leisten. Ein weiteres positives Ziel ist mein Interesse an der Frage, wie das öffentliche Bewusstsein durch eine solche Klarstellung nachhaltig beeinflusst werden kann.

Aber um das Positive zu würdigen, muss man über die vorherrschenden Missverständnisse informiert sein, nur so lässt sich ein ganzheitliches Verständnis von dem Thema verstehen. Wenn wir das Missverständnis erstmal verstanden haben, können wir es dekonstruieren und korrigieren!

Schauen wir uns einmal einige gängige Missverständnisse in der Populärkultur über das luzide Träumen an.

Gemeinsame luzide Träume

In dem Film „Inception" teilen die Figuren den Inhalt ihrer luziden Träume anderen Menschen mit, während sie träumen.

Tut mir leid, Freunde. Das ist in Wirklichkeit leider einfach nicht möglich. Wenn Sie also einen Zoomcall für luzides Träumen als Teambuilding-Übung bei der Arbeit geplant haben, streichen Sie das sofort von Ihrer Liste.

Bei der Erklärung von ineinandergreifenden Träumen handelt es sich um zwei verschiedene Träume, die nicht „gemeinsam" auftreten, sondern die zufällig dieselben Elemente enthalten.

In einem Traum feststecken

Hierbei handelt es sich um einen weiteren Mythos, der durch den Film „Inception" entstanden ist. In dem Film helfen starke Pharmazeutika den Teilnehmern auf ihrer Reise in den luziden Traumraum, was für die Zwecke der Leser dieses Buches ebenfalls nicht empfehlenswert ist!

Die Vorstellung, dass man in seinen Träumen feststecken kann, entspricht einfach nicht der Wahrheit. Die meisten Träume dauern nicht länger als 20 Minuten und viele sind sogar noch kürzer. Aber Sie stecken nie im Traum fest, vor allem dann nicht, wenn Sie über die richtigen Techniken verfügen, um sich selbst aufwecken zu können. Selbst Menschen, die nur konventionelle Träume erleben, haben Zugang zu dieser Fähigkeit. Der Trick besteht einfach darin, sich der Tatsache bewusst zu werden, dass man träumt, und darüber nachzudenken. Man muss das Träumen als einen Teil der eigenen psychologischen Verfassung verstehen. Sobald Sie sich der Tatsache, dass Sie träumen, bewusstgeworden sind, können Sie selbst entscheiden, wann Sie wieder aufwachen wollen.

Nach der Lektüre dieses Buches werden Sie verstehen, dass Träumer auch in konventionellen Träumen erwachen können. Die einzige Ausnahme ist dabei die Schlaflähmung, die nichts mit der spekulativen fiktionalen Erzählung in „Inception" zu tun hat und auf die wir später in diesem Buch noch näher eingehen werden.

Luzides Träumen ist ein Beweis für eine psychische Störung

Wie oben dargelegt, wurde die Medienberichterstattung über die Massenerschießung in Tucson durch die Entdeckung, dass der Täter vom luziden Träumen besessen war, zu einer Sensation. Doch Loughner erschuf lediglich unwissentlich einen Vergleich zwischen dem luziden Träumen und seinen eigenen nicht diagnostizierten psychischen Problemen. Das luzide Träumen lieferte ihm eine Vorlage, um sein Denken zu rationalisieren – um es also nicht als gestört, sondern als das eines Meisters der Kunst des luziden Träumens zu verstehen.

Tatsächlich verursachte eine Geisteskrankheit die Besessenheit Loughners, das luzide Träumen war keinesfalls die Ursache seiner Erkrankung. Auch war das luzide Träumen selbst kein Beweis dafür, dass Loughner krank war. Vielmehr lieferte es einem gestörten jungen Mann eine Schablone, um mit der chaotischen Natur seiner eigenen Beziehung zur materiellen Realität umzugehen. Es lieferte ihm eine Erklärung.

Luzides Träumen ist Wunschdenken

Wie wir bereits in diesem Buch erörtert haben, wird das luzide Träumen seit 1975 wissenschaftlich untersucht, wobei erst 2021 neue Erkenntnisse gewonnen wurden. Mit jeder neuen Studie wird mehr über die biopsychologischen Grundlagen des luziden Träumens bekannt.

Das luzide Träumen begleitet die Menschheit seit dem Anfang unserer Geschichtsaufzeichnung, wie Sie bereits gelesen haben. Aber erst jetzt erfahren wir die ganze Wahrheit. Erst im 20. Jahrhundert haben wir damit begonnen, Beweise für die Existenz des luziden Träumens zu sammeln, und in der Wissenschaft geht es nie um Wunschdenken.

Nur „Spirituelle Menschen" haben luzide Träume

Nicht nur spirituell-veranlagte Menschen haben luzide Träume, sondern auch Kinder. Kinder haben wenig Bewusstsein für die spirituellen Konstrukte des Erwachsenenalters. Sie haben einfache Vorstellungen davon, dass Gott Liebe ist und die Welt um sie herum gut ist. Sie sind nicht an die Konzepte, die den Glauben der Erwachsenen steuern, gebunden und können ihrer Kreativität freien Lauf lassen.

Zu Beginn dieses Buches habe ich Ihnen gesagt, dass 55 % der Menschen luzides Träumen erlebt haben. Es sind auch nicht nur Kinder. Viele Erwachsene haben luzide Träume. Manche von ihnen haben nur einige im Laufe ihres Lebens. Andere haben sie vielleicht mehrmals pro Woche. Aber nur eine Handvoll dieser Gruppe wendet eine Reihe von Techniken an, die es ihnen erlauben, in ihrem Traumleben das zu tun, was sie gerne wollen. So einfach ist das alles nicht!

Viele Menschen sind daran interessiert, die Kraft des luziden Träumens zu nutzen, um ihr Leben zu verbessern. Diese Menschen können spirituell veranlagt sein oder auch nicht.

Luzides Träumen schadet der geistigen Gesundheit

Auch wenn diese Aussage weitgehend falsch ist, sind Unterscheidungsvermögen, Vorsicht und Mäßigung in allen Dingen nützliche Ratgeber. Einem Artikel von Dr. Nirit Soffer-Dudek von der Ben-Gurion-Universität in Israel zufolge sollten einige Punkte unsere Aufmerksamkeit erregen. Ihre Bemerkungen zu den möglichen Auswirkungen des luziden Träumens auf das Wohlbefinden sind erwähnenswert, denn sie ist eine führende Forscherin auf diesem Gebiet.

Soffer-Dudek weist auf zwei Bereiche hin, die potenziell anfällig sind:

- Schlafqualität/Störungen
- Die Grenze zwischen Fantasie und Realität kann verschwimmen (denken Sie beim Lesen an das Beispiel von Jared Loughner, der an Schizophrenie litt).

Wir haben die Gefahren der Popularisierung des luziden Träumens in den Medien und in Filmen und Fernsehserien erörtert - nämlich, dass Ideen durch die Wiederholung falscher oder unvollständiger Informationen verzerrt werden können. Aus Soffer-Dudeks Warnung können wir mitnehmen, dass luzides Träumen ein nachweisbarer Bewusstseinszustand ist, der ernst genommen werden muss. Wie bereits erwähnt, kann das luzide Träumen die Grundlage für eine Vielzahl von Verbesserungen im Leben der Menschen bilden. Was luzides Träumen nicht ist, ist ein Vergnügungspark oder ein Ersatz für die materielle Realität im Wachzustand.

Das luzide Träumen ist ein Helfer, kein Diener, und wenn wir das nicht verstehen, schaden wir uns vielleicht selbst und haben auch einen negativen Einfluss auf die wachsende Gemeinschaft des luziden Träumens.

Es gibt keine Anhaltspunkte dafür, dass luzides Träumen der psychischen Gesundheit schadet, abgesehen von der Möglichkeit, bestehende psychische Störungen zu verschlimmern. Wie ich im Fall von Jared Loughner dargelegt habe, bildete das luzide Träumen einen Rahmen für die Schizophrenie, die Loughners schwaches Verständnis der Realität hervorrief. Es hatte die bereits bestehende psychische Erkrankung aber nicht verursacht.

Um sich zu bewähren, muss das luzide Träumen jedoch genauer untersucht werden, um so den Verdacht zu zerstreuen, dass es zu psychischen Anfälligkeiten oder einer schlechten oder gestörten Schlafqualität beitragen könnte, so Soffer-Dudek.

Luzides Träumen heilt körperliche Krankheiten und Gebrechen

Genauso wie das luzide Träumen nicht Ihr Diener ist, ist das luzide Träumen auch kein schlangenbetörender Wunderheiler.

Luzides Träumen kann die Heilung von psychischen Erkrankungen, von Blockaden in unserem geistigen und spirituellen Wohlbefinden und von den Narben der Vergangenheit unterstützen und tut dies auch oft. Aber wenn Sie hoffen, dass es einen gebrochenen Knochen oder einen Tumor heilen könnte, muss ich Ihnen leider sagen, dass luzides Träumen nicht auf diese Weise funktioniert.

Das Wohlbefinden, das die Praxis des luziden Träumens meist begleitet, wird Sie jedoch mit Sicherheit auf Ihrem Weg unterstützen, wenn Sie sich nach und nach mit schweren körperlichen Erkrankungen und Realitäten auseinandersetzen.

Populäre Medien können die Art und Weise, wie Menschen die Welt betrachten, dramatisch beeinflussen, und das luzide Träumen ist davon nicht verschont geblieben. Die Akzeptanz der Öffentlichkeit für die Behauptungen der populären Medien überschreitet manchmal die Grenze zwischen Realität und Fantasie in einer seltsamen Verklärung von Fiktion zu Tatsache. Dies ist zum Beispiel der Fall bei der Verdinglichung der Fantasie, die durch Filme wie Inception entsteht. Obwohl sie nicht als Tatsachenbehauptung gedacht sind, halten sich die falschen Vorstellungen, die sich aus der Handlung des Films ergeben, hartnäckig. Wir hoffen, dass wir hier einige davon ausräumen konnten.

Wie bereits versprochen, möchte ich nun auf einige der vorherrschenden Verwirrungen im Zusammenhang mit alternativen Bewusstseinszuständen eingehen. Es ist wichtig, das luzide Träumen als ein von schamanischem Reisen oder OBEs (außerkörperlichen Erfahrungen) getrenntes Phänomen zu verstehen. Es gibt jedoch Verbindungen zwischen diesen drei Geisteszuständen. Sie existieren unabhängig voneinander, sind aber auch bis zu einem gewissen Grad miteinander verbunden, da sie Teil des gleichen psychobiologischen Rahmens sind.

Untersuchen wir diese Bewusstseinszustände zunächst getrennt, um uns anschließend der Frage zu widmen, wie sie miteinander verknüpft sind.

Außerkörperliche Erfahrung

Unser Körper, schrieb der französische Phänomenologe Maurice Merleau-Ponty, bietet uns unsere ganz persönliche Erfahrungswelt. Sein

Verständnis der Rolle des Körpers im Bewusstsein basierte auf der Idee des Körpers als ein Bezugspunkt, von dem aus wir die Welt erkennen und die Welt uns erkennt.

Eine OBE beschreibt eine Erfahrung, bei der wir uns vom Körper losgelöst fühlen. Manchmal beschreiben diejenigen, die sie erleben, dass sie aus großer Höhe auf sich selbst herabschauen. Andere beschreiben das Schweben außerhalb ihres Körpers. Das Gefühl ist aber immer, dass die Person, die eine OBE erlebt, vom Körper getrennt ist. Das Gefühl ist so real, wie das Erleben des Aufwachens am frühen Morgen.

Neurologische Erkrankungen wie Epilepsie und Migräne können für einige OBEs sowie für Stress und Angstzustände verantwortlich sein, aber 10 % der Menschen haben im Laufe ihres Lebens ein OBE erlebt. OBEs treten ohne Vorwarnung auf und sind im Allgemeinen von kurzer Dauer.

Eine von Olaf Blanke verfasste Studie aus dem Jahr 2004 untersuchte die neuronalen (nervensystembezogenen) Grundlagen von OBEs und kam zu dem Schluss, dass sie mit der kognitiven Verarbeitungsfunktion des Gehirns zusammenhängen. Blanke ist der Ansicht, dass dieser Bereich der Forschung wertvolle Informationen über unser Selbstverständnis als menschlicher Organismus insgesamt liefern kann. Wie kommt es, dass unser Geist unseren Körper bewohnt und gleichzeitig in der Lage zu sein scheint, ihn zu transzendieren? Diese Frage wird nur selten gestellt, ist aber Teil des dualistischen Zusammenspiels von Geist und Körper im religiösen und philosophischen Diskurs. Blankes Arbeit verspricht, einen Weg finden zu können, um mit dieser dauerhaften philosophischen Erkundung voranzukommen.

Schamanisches Reisen

Der Schamanismus hat seinen Ursprung in der Vorgeschichte der Jäger- und Sammlergesellschaften. Die Rolle des Schamanen bestand darin, mit der Gottheit in Kontakt zu treten und im Namen des Volkes, das er vertrat, Fürsprache bei den Göttern einzulegen. In einem Trancezustand suchte er nach Heilung, Antworten auf Fragen, begleitete die Toten in die Unterwelt, führte das Volk und ließ sogar Regen fallen. Der Schamanismus ist der locus classicus der institutionalisierten Religion und weist viele ihrer Merkmale auf, darunter den Glauben an eine höhere Macht und die Überzeugung, dass diese höhere Macht Unorthodoxie (falsches Denken) nach dem Verständnis des Schamanen bestrafen würde.

Schamanische Reisen waren die Praxis des Schamanen und derjenigen, die sie in dieser Kunst schulten. In einem Trancezustand konnte die umgekehrte Geisterwelt (Unterwelt) betreten werden. Der Schamane oder diejenigen, die er führte, kehrten von der Trance-Reise mit den Informationen zurück, die sie suchten, als sie sich auf die Reise begaben.

Heute hat das Konzept des schamanischen Reisens Eingang in das Lexikon der Psychologie gefunden und ist in den Händen von Therapeuten zu einem heilenden Werkzeug geworden, das Heilungssuchenden einen nützlichen therapeutischen Weg zur Selbsthilfe bietet. Es ist erstaunlich, dass eine so alte Praxis auf diese innovative Weise sinnvoll genutzt werden kann. Losgelöst von ihrem religiösen Beigeschmack hat das schamanische Reisen vielen Patienten mit psychischen Problemen ein wirksames Instrument an die Hand gegeben.

In einem rein modernen, säkularen Sinne führt die schamanische Reise nach innen - in die umgekehrte Geisterwelt der alten Schamanen, die genauso gut als das menschliche Unterbewusstsein verstanden werden kann -, wobei man die verborgenen Teile seiner selbst in dieser Welt erforschen kann.

Von den drei Bewusstseinszuständen, die wir hier besprechen, weist die schamanische Reise in ihrer ursprünglichen Form die stärkste religiöse Komponente auf. Heute hat sie jedoch eine hauptsächlich praktische Bedeutung für Menschen aller Glaubensrichtungen oder ohne jeglichen Glauben gefunden. Die schamanische Reise wird so gestaltet, dass sie bei denjenigen, die sie therapeutisch anwenden, zu einer verbesserten geistigen Gesundheit führt. Die schamanische Reise hat sich von einem gemeinschaftlichen Ausdruck der spirituellen Führung zu einer transformativen persönlichen Reise entwickelt.

Aber die Tradition des Schamanismus lebt in der ganzen Welt weiter, und die Reise behält ihre ursprüngliche Bedeutung.

Astralprojektion

Die Astralprojektion ist der Bewusstseinszustand, mit dem das luzide Träumen am häufigsten verwechselt wird, obwohl es sich um zwei grundlegend verschiedene Zustände handelt.

Bei der Astralprojektion geht es darum, sich mit der Seele/dem Geist/der Wahrnehmung absichtlich zu verbinden. Dieser persönliche Aspekt des Bewusstseins steigt dann auf oder reist zu einem im Voraus festgelegten Ziel. Dies ist der Hauptunterschied zwischen Astralprojektion und luzidem Träumen sowie Astralprojektion und OBEs. Beim luziden

Träumen gibt es keine Projektion des Bewusstseins nach außen, und OBEs sind plötzlich und unvorhersehbar.

Die Projektion auf eine substanzlose Ebene ist eine Reise des Bewusstseins auf der Suche nach Antworten. Aber es ist das, was vermutlich projiziert wird, was wirklich von Interesse ist. Es handelt sich um einen „Astralkörper", der sich vom physischen Körper des Projektors unterscheidet. Es wird angenommen, dass dieser Astralkörper eine eigene kognitive Funktion hat - ein eigenes Bewusstsein.

Es gibt keine Beweise für die Astralprojektion, auch wenn sie in verschiedenen Formen als erzählerisches Mittel in verschiedenen Weltreligionen seit Tausenden von Jahren der Menschheitsgeschichte existiert. Der Gedanke, dass ein separater, immaterieller Körper irgendwie unabhängig vom physischen Körper funktionieren kann, ist vergleichbar mit dem Glauben an die Seele - die ebenfalls nicht durch empirische Untersuchungen bewiesen ist.

Wie Sie gesehen haben, ist jeder Vergleich zwischen luzidem Träumen und jedem (angeblichen oder anderen) Bewusstseinszustand, den wir oben beschrieben haben, unzutreffend. Das luzide Träumen ist kein Gerät, das Sie auf eine unbekannte, spirituelle Ebene transportiert. Es ist keine Reise in die Unterwelt oder eine plötzliche Loslösung von Ihrem Körper an seinem physischen Standort in der Welt. Luzides Träumen ist ein Mittel, um aktiv mit dem eigenen Traumzustand zu arbeiten, um zu lernen, zu wachsen und zu einer Person zu werden, die sich mental oder spirituell verwirklicht fühlt.

Das luzide Träumen ist weder ein Diener noch ein Wunderheiler, sondern ein Verfahren, dass Ihnen die Möglichkeit einer neuen Beziehung zu den verborgenen Tiefen Ihres Geistes bietet. In Kapitel 3 erfahren Sie mehr darüber, wie Sie sich auf das luzide Träumen vorbereiten können.

Kapitel 3: Die Vorbereitung auf das luzide Träumen

„Der Wille zum Erfolg ist wichtig, aber noch wichtiger ist der Wille zur Vorbereitung."
Bobby Knight

Die Bereitschaft, sich auf das luzide Träumen vorzubereiten, ist eine wesentliche Voraussetzung dafür, die Kraft dieses Bewusstseinszustandes erfolgreich auszuschöpfen.

Wie bei allen Dingen im Leben, die es wert sind, getan zu werden, und die Sie noch nie zuvor getan haben, ist die Vorbereitung entscheidend, um Ihren Geist auf die neue Tätigkeit zu fokussieren, Ihre eigene mentale Landschaft im Traumraum zu verstehen und sie auf das Bewusstsein auszurichten, das Sie in Ihren Träumen zu erleben wünschen. Ihr Wille, das luzide Träumen erfolgreich zu erleben, ist bereits vorhanden. Jetzt müssen Sie diesen Willen mit Ihrem Willen zur Vorbereitung in Einklang bringen. Wie das Zitat am Anfang dieses Kapitels besagt, ist der Wille zur Vorbereitung der wesentliche Schritt auf dem Weg zum Erfolg.

In diesem Kapitel wird erörtert, was Sie tun müssen, um den Bewusstseinszustand des luziden Träumens erfolgreich zu erreichen. Was ich den Lesern hier biete, ist keine Reihe von technischen Beschreibungen. Vielmehr werde ich Ihnen mitteilen, was ich aus meinen eigenen Erfahrungen mit dem luziden Träumen gelernt habe und welche Rolle bestimmte Praktiken bei meiner Vorbereitung gespielt haben.

Die Vorbereitung ist ein langer Prozess, und für diesen Prozess sollten Sie sich eine Woche Zeit nehmen, um an den Punkt zu gelangen, an dem Sie sich sicher und in der Lage fühlen, mit dem luziden Träumen fortzufahren. Planen Sie zu Anfang die Woche, in der Sie bereit sind. Stellen Sie sicher, dass Sie die Zeit haben, sich auf Ihre Vorbereitungen zu konzentrieren. Streichen Sie alles andere aus Ihrem Kalender. Geben Sie sich die Zeit und den Raum, den Sie brauchen, um sich in die notwendigen Vorbereitungen zu vertiefen.

Sammeln Sie alle relevanten Informationen

Sie lesen dieses Buch - das bedeutet, dass Sie bereits mit Ihren Vorbereitungen begonnen haben. Obwohl es Ihnen die Grundlagen vermittelt, die Sie für den Einstieg in das luzide Träumen benötigen, ist dieses Buch nur die Spitze des Informations-Eisbergs.

Hören Sie jetzt nicht auf!

Erweitern Sie stattdessen Ihr Verständnis des luziden Träumens, indem Sie den Links im Abschnitt „Ressourcen" am Ende dieses Buches folgen. Steigen Sie in den Kaninchenbau hinab, bereit, mehr zu lernen. Lesen Sie alles, was Sie in die Finger bekommen können. Aber denken Sie daran: Nicht alle Informationen im Internet sind zuverlässig. Auch wenn ich Ihnen das wahrscheinlich gar nicht sagen muss, möchte ich betonen, dass Sie in der Lage sein sollten, zwischen qualitativ hochwertigen und „anderen", weniger hochwertigen Quellen zu unterscheiden. Denken Sie daran, dass von Fachleuten begutachtete Studien am besten geeignet sind, ebenso wie Texte und Interviews mit denjenigen, die solche Studien schreiben und an ihnen teilnehmen.

Eine weitere hervorragende Informationsquelle sind die Träumer selbst. Suchen Sie Kontakt zu Menschen, die sich mit Ihnen über ihre Erfahrungen mit dem luziden Träumen unterhalten wollen. (Ich habe in den Ressourcen Links zu guten Anlaufstellen angegeben.) Treten Sie einer oder allen aufgeführten Gruppen bei und unterhalten Sie sich mit anderen, die Ihr Interesse am luziden Träumen teilen. Vergessen Sie nicht, Informationen mit dem abzugleichen, was Sie in diesem Buch und anderswo von denjenigen erfahren haben, die an der Erforschung des luziden Träumens beteiligt sind.

Die drei Online-Gruppen, die ich aufgeführt habe, befinden sich auf verschiedenen Plattformen (Facebook, Reddit und einer Website, die sich dem luziden Träumen widmet). Ihr Wissen um die Wahrheit über das luzide Träumen wird Ihnen helfen, sich in einigen der farbenfrohen

Kommentare zurechtzufinden, die Sie auf Reddit finden werden. Tauchen Sie ein und aktivieren Sie dabei Ihr kritisches Denkvermögen!

Vergessen Sie nicht, das Thema auch in Ihrem persönlichen Umfeld anzusprechen. Vielleicht erfahren Sie ja dann, dass einige Ihrer Bekannten das luzide Träumen ebenfalls erforschen. Und besser kann es gar nicht werden. Ehrliche, offene Diskussionen mit Menschen, die Sie kennen und denen Sie vertrauen, sind ein hervorragendes Medium, um zu lernen und Informationen mit anderen zu teilen.

Die Sichtung der Informationen hilft Ihnen, sich darauf zu konzentrieren, wo Sie hinwollen und wie Sie dorthin gelangen wollen. Wissen ist mächtig. Denken Sie nur daran, dass hochwertige Informationen die Definition von wahrem Wissen sind.

Traumtagebuch führen

Ich bin ein großer Fan aller Arten von Tagebüchern. Das Aufschreiben unserer Gedanken und Erfahrungen ist eine Methode der Selbstprüfung, die zur Selbsterkenntnis führt. Es ist eine Disziplin, die in vielerlei Hinsicht unglaubliche Früchte tragen kann.

Aber in diesem Buch können Sie durch das Führen eines Tagebuchs, in dem Sie Ihre Träume detailliert aufzeichnen, einen Überblick über die Arten von Symbolen gewinnen, die Sie in Ihren konventionellen Träumen erleben. Diese zu untersuchen ist wie die Benutzung einer kleinen Sonde, die in Ihr Unterbewusstsein führt. Symbole in Ihren Träumen stehen für die Lösung von Problemen bei Tageslicht und weisen auf Aspekte verschiedener Lebensumstände hin, die Ihr bewusster Verstand vielleicht übersehen hat. Das Unterbewusstsein hat seinen eigenen Interpretationsrahmen, der uns im Wachzustand größtenteils nicht zur Verfügung steht.

Ihr Traumtagebuch sollte neben Ihrem Bett aufbewahrt werden, so dass Sie es, unabhängig davon, wann Sie aufwachen - mitten in der Nacht, nach einem besonders intensiven Traum oder gleich am Morgen - zur Hand haben, um Ihre Träume darin festzuhalten.

Neben Ihrem Traumtagebuch sollte sich ein funktionierender Stift befinden. Überprüfen Sie das, denn es gibt nichts Schlimmeres, als aus einem Traum aufzuwachen, den Sie unbedingt aufzeichnen wollen, und festzustellen, dass Ihr Stift ausgetrocknet oder gar ganz verschwunden ist!

Schreiben ist nicht die einzige Möglichkeit, um die Inhalte Ihrer Träume festzuhalten. Manche Personen skizzieren nach dem Aufwachen gerne Bilder aus Ihren Träumen. Andere fertigen aufwändigere Bilder an, um den Geschmack und die Farben dessen festzuhalten, was ihnen im Traumraum begegnet ist. Manche Menschen ziehen es sogar vor, ihre Träume mit einem Sprachaufzeichnungsgerät zu dokumentieren, da sie ihre eigene Handschrift für unleserlich halten oder nicht schnell genug schreiben können. Ich bin mir sicher, dass viele von Ihnen nachvollziehen können, dass die eigene Handschrift etwas beeinträchtigt sein kann, wenn Sie nachts die Augen öffnen, daher ist diese Option für Sie vielleicht am besten geeignet.

Wenn Sie sich dafür entscheiden, ein Traumtagebuch zu führen, wird es Sie interessieren, dass es auf dem Markt Tagebücher gibt, die speziell für die Aufzeichnung von Träumen entwickelt wurden. Diese bieten spezielle Hilfsmittel wie Raster und Gedankenstützen, die Ihnen eine Struktur für die Aufzeichnung Ihrer Träume geben können.

Unabhängig davon, welche Methode Sie für die Erstellung eines Traumprotokolls wählen, benötigen Sie auch ein *Traumwörterbuch*, um die Symbole nachzuschlagen, die Ihnen in Ihren Träumen gezeigt werden. Diese können sehr nützlich sein, wenn bestimmte Dinge (Spinnen, Hunde mit seltsam gefärbtem Fell, Berühmtheiten, Wahrzeichen, die Sie noch nie gesehen haben, und viele andere Symbole) in Ihren Träumen auftauchen.

Wie hilft Ihnen also das Aufzeichnen des Trauminhalts bei Ihrem Ziel des luziden Träumens? Lassen Sie uns das wiederholen:

- **Sie können Muster entdecken**

Wenn Sie Ihre Träume konsequent dokumentieren, können Sie Muster in Ihren Träumen erkennen. Wiederkehrende Träume können zum Beispiel jedes Mal gleich sein oder Schlüsseldetails enthalten, die sich mit der Zeit weiterentwickeln.

Vielleicht bemerken Sie auch bestimmte Präsenzen in Ihren Träumen, die immer wieder auftauchen, auch wenn sich der Traum von den vorherigen unterscheidet. Das können beispielsweise Menschen sein, die Sie kennen, sowie bekannte Tiere oder Orte.

- **Sie können Ihrer Kreativität freien Lauf lassen**

Kreative Menschen klagen oft über eine „Blockade". Ganz gleich, wie kreativ Sie sind, die meisten kreativen Menschen haben Momente in ihrem Leben, in denen die kreativen Säfte einfach nicht fließen. Das Führen eines Traumtagebuchs kann dabei helfen, derartige Blockaden zu überwinden. Ihr Unterbewusstsein arbeitet immer an den Problemen, die Ihr bewusster Verstand nicht zu lösen scheint. Wenn Sie Ihre Träume aufschreiben, erhalten Sie einen Einblick in die geheimen Lösungen, die in Ihrem Unterbewusstsein erarbeitet werden.

- **Sie können Ihren Geist auf das luzide Träumen vorbereiten**

Das Dokumentieren Ihrer Träume ist ebenfalls Teil der Vorbereitung auf das luzide Träumen. Indem Sie ein Traumtagebuch führen, gewöhnen Sie Ihr Bewusstsein an die Arbeit des Unterbewusstseins im Traum. Je vertrauter Sie mit Ihren Träumen werden und Muster, vertraute Themen und Symbole erkennen, desto besser verstehen Sie, wie Ihr Verstand im Schlaf arbeitet und wie er Ihnen dabei hilft, Probleme im Wachleben zu lösen.

Ich habe festgestellt, dass ich, wenn ich Dinge aufschreibe, sie nicht mehr vergesse. Ich neige auch dazu, tiefer über das Geschriebene nachzudenken. Der Akt des Schreibens hat etwas an sich, das die Gedanken konkretisiert. Die Interaktion zwischen dem Gehirn und der schreibenden Hand führt zu einer tiefgreifenden Integration von Gedanken und Träumen in die physische Handlung des Schreibens. Selbst wenn ich nichts Tiefgründigeres als eine Einkaufsliste schreibe, erinnere ich mich an das, was ich geschrieben habe, und zwar so gut, dass ich oft gar nicht mehr auf die Liste schauen muss.

Einige Tipps für das Führen eines Traumtagebuches

- Sobald Sie aufwachen, sollten Sie zu einem Tagebuch greifen, um den Traum oder die Träume, die Sie im Schlaf hatten, festzuhalten. Wenn Sie die Bilder und Szenarien einfangen können, während sie noch frisch in Ihrem Kopf sind, können Sie mehr Details erfassen.

- Schreiben Sie über Ihre Träume in der Gegenwartsform, als ob sie in diesem Moment stattfänden. Das Gefühl der Unmittelbarkeit, das Ihr Tagebuch dadurch vermittelt, kann Sie dazu anspornen, sich besser zu erinnern und Details wieder aufleben zu lassen, die Ihnen beim ersten Aufwachen vielleicht nicht bewusst waren. Wenn Sie sich in „Echtzeit" in die Handlung hineinversetzen, wird die Erinnerungsrate erhöht.

- Emotionen sind der Schlüssel zur Traumaufzeichnung. Wie Sie sich im Traum gefühlt haben, ist ein Indikator für die versteckte Botschaft. Waren Sie glücklich? Verängstigt? Verwirrt? Diese Emotionen weisen auf die Botschaft des Traums an Sie hin. Was war der Kontext? Befanden Sie sich an einem vertrauten Ort oder an einem Ihnen unbekannten? Wie fühlten Sie sich im Zusammenhang mit dem Traum?

Vorbereiten des Raums

Das Zimmer, in dem Sie schlafen, sollte wie ein heiliger Raum behandelt werden. Ihre Aufmerksamkeit für Details ist hier wichtig, denn dies ist der Raum, in dem Sie träumen. Wenn Ihnen das Träumen wichtig ist und Sie einen ernsthaften Versuch des luziden Träumens unternehmen wollen, dann werden Sie verstehen, was ich meine.

Allzu oft ist der Ort, an dem wir nachts schlafen, ein nachträglicher Gedanke. Wir lassen unsere Betten nach dem Aufstehen ungemacht. Wir lesen im Bett, surfen im Internet oder sehen fern. Einst war das Schlafzimmer ein Ort der Ruhe, heute ist es zu einer Allzweck-Zone geworden, und das ist nicht gerade förderlich für das Erlernen von Traumtechniken oder zur Förderung des gesunden Schlafs.

Lassen Sie uns also darüber sprechen, wie Sie Ihr Schlafzimmer zu einem heiligen Raum machen können, der den Voraussetzungen entspricht, die das luzide Träumen benötigt.

Licht

Auch wenn Sie nicht am luziden Träumen interessiert sind, sollten Sie auf den Lichteinfall in Ihrem Schlafzimmer achten. Straßenlaternen und Lichter auf der Veranda sowie Lichter von kommerziellen Einrichtungen wie Geschäften und Einkaufszentren können in Ihren Raum eindringen. Die Anschaffung von Verdunkelungsvorhängen ist eine praktische Methode, um Ihr Zimmer für den Schlaf dunkel genug zu halten.

Aber das Umgebungslicht ist nicht der einzige Feind des luziden Träumens. Blaues Licht von elektronischen Geräten ist ein weiteres Problem. Diese Art von Licht wird von Mobiltelefonen, Kindles, Laptops und jeder Art von Gerät mit einem Bildschirm ausgestrahlt. Sogar ein Fernseher im Schlafzimmer sollte verbannt werden, da er eine Quelle blauen Lichts ist. Wenn Sie also zu den Menschen gehören, die gerne im Bett liegen und durch die sozialen Medien scrollen, ist es vielleicht besser, wenn Sie dies von nun an auf der Couch tun.

Aber warum? Was ist falsch an blauem Licht? Blaues Licht blockiert Melatonin, das Hormon, das Ihr Körper produziert, um Sie schläfrig zu machen. Sie sind in Ihrem Zimmer, um zu schlafen, und blaues Licht kann Ihnen das Einschlafen und Durchschlafen erschweren oder sogar unmöglich machen.

Ton

Wir alle kennen diese Nächte, in denen unser tiefer Schlaf durch Außengeräusche gestört wird. Das können heulende Sirenen, jaulende Katzen, bellende Hunde oder ein lauter Streit der Nachbarn sein. Was auch immer es ist, Sie brauchen es nicht!

Es gibt mehrere Möglichkeiten, mit denen Sie sich einen ruhigen Schlafplatz sichern können. Eine davon sind die bereits erwähnten Verdunkelungsvorhänge. Diese sind schwer genug, um den von draußen kommenden Schall zu dämpfen.

Ihr Mobiltelefon sollte ausgeschaltet sein, wenn Sie schlafen. Die meisten Ereignisse im Leben sind nicht so wichtig, und wenn Sie jemand aufwecken will, kann er jederzeit an Ihre Haustür klopfen.

Wenn Sie regelmäßig durch Lärm gestört werden, kann ein Satz hochwertiger Ohrstöpsel hilfreich sein. Denken Sie auch darüber nach, in ein Paar Kopfhörer mit Geräuschunterdrückung zu investieren. Diese blockieren Außengeräusche, aber Sie können den Effekt noch verstärken, indem Sie sich Kassetten mit „weißem Hintergrundrauschen" anhören. Meeresrauschen, das Rascheln von Blättern im Wind, Hintergrundmusik - all das sind großartige Alternativen, um Ihren Schlafplatz mit friedlichen Klängen zu untermalen, die das Jammern, Jaulen und Schreien einer lauten Welt ausblenden.

Wenn Sie mit anderen Menschen zusammenleben, muss Ihr Schlaf respektiert werden. Wenn Ihre Mitbewohner nach Feierabend laut sind, ist das ein Problem, das nach einer Lösung schreit, also lösen Sie es. Sprechen Sie mit ihnen darüber, wie wichtig Schlaf für Sie ist. Hängen Sie nachts ein „Bitte nicht stören"-Schild an Ihre Tür. Im schlimmsten Fall suchen Sie sich respektvollere Mitbewohner. Wenn es sich bei den Störenfrieden um Ihre eigene Familie handelt, ist es an der Zeit, sie zu erziehen!

Trainieren Sie Ihr Gehirn

Eines der wichtigsten Unterfangen bei der Vorbereitung auf das luzide Träumen ist das Training des Gehirns.

Das Training des Gehirns für das luzide Träumen befasst sich mit den Veränderungen, die während dieses Bewusstseinszustandes auftreten. Zum Beispiel ist der frontotemporale Kortex während normaler Träume nicht „frei", um auf dieselbe Weise zu arbeiten, wie während des luziden Träumens. In einem luziden Traum ist dieser Teil des Gehirns viel stärker beteiligt. Auch die Gammawellen nehmen in diesem Zustand zu, was dazu führt, dass die Neuronen mit einer Rate feuern, die mit der im Wachbewusstsein vergleichbar ist. Der gleiche Effekt tritt auf, wenn wir unser Gehirn für „Exekutivfunktionen" wie Entscheidungsfindung und freiwillige Handlungen nutzen.

Sehen wir uns einige Schulungsinstrumente an, die Sie bei Ihren Vorbereitungen nach eigenem Ermessen einsetzen können.

Binaurale Beats

Binaurale Beats sind in Wirklichkeit ein Trick, den Ihnen Ihr Gehirn vorspielt. Wenn Sie eine Klanglandschaft hören, in der zwei Töne mit unterschiedlichen Frequenzen nebeneinander liegen, hören Sie einen binauralen Beat. Nehmen Sie sich einen Moment Zeit und suchen Sie auf YouTube nach binauralen Beats, um den Klang zu erleben, den ich hier beschreibe.

Der im Hirnstamm gelegene Superior-Olivarius-Komplex ist der „erste Schrittmacher" des Gehirns bei der Verarbeitung und Interpretation von Schall. Wenn es binaurale Beats hört, verschieben sich die Gehirnwellen, und die Aktivität der Neuronen wird synchronisiert (das ist das sogenannte „Entrainment"). Dieser Synchronisationsprozess der Neuronenaktivität ermöglicht Ihnen den Bewusstseinszustand, der beim luziden Träumen vorherrschend auftritt.

Wenn Sie binaurale Beats einsetzen, um Ihr Gehirn für das luzide Träumen zu trainieren, sollten Sie insbesondere die Theta- und Delta-Gehirnwellen ansprechen.

- **Theta:** Diese Gehirnwellen steuern das Gehirn beim Übergang vom Wachzustand in den Schlaf, kurz bevor Sie einschlafen. Dies ist die Bewusstseinsschwelle, in der man noch wach ist, aber sich bereits auf dem Weg zum Schlaf befindet. Üblicherweise ist man in dieser Phase bereits sehr entspannt.
- **Delta:** Die Delta-Gehirnwellen steuern den Tiefschlaf, den das menschliche Gehirn nach jedem 90-minütigen Schlafzyklus erlebt. Delta wandelt die Erfahrungen, die wir jeden Tag machen, in langfristige Erinnerungen um. Diese Funktion

ermöglicht es uns, unserem täglichen Leben einen Sinn zu geben.

Für unsere Zwecke empfehle ich, sich mit den Theta-Gehirnwellen zu befassen, da diese genau den Bewusstseinszustand darstellen, den wir beim luziden Träumen anstreben.

Es gibt keine schlüssigen wissenschaftlichen Belege für binaurale Beats und ihre Wirksamkeit. Es gibt jedoch einige Hinweise darauf, dass binaurale Beats die Konzentration, Entspannung und das Gedächtnis verbessern. Eine Studie aus dem Jahr 2017 lieferte Ergebnisse, die darauf hindeuten, dass binaurale Beats mit höheren Frequenzen mit einer verbesserten Aufmerksamkeit korrelieren (siehe Link unter Referenzen).

Ich empfehle Ihnen, sich nicht weniger als 30 Minuten pro Tag Zeit zu nehmen, um binaurale Beats zu hören. Dies gilt als Schwellenwert für das Training, bei dem Sie Ihr Gehirn auf Ihr Abenteuer des luziden Träumens vorbereiten wollen. Erinnern Sie sich an die Kopfhörer mit Geräuschunterdrückung, über die wir weiter oben in diesem Kapitel gesprochen haben? Diese Übung bietet Ihnen eine weitere Verwendungsmöglichkeit für dieses Hilfsmittel!

Meditation

Meditation ist nicht unbedingt eine schwierige Disziplin. Ihre Anwendung und meditative Techniken variieren stark in einer Welt, die sich nach Frieden und dem Gefühl der Zentriertheit sehnt, die aber zunehmend von schnelllebiger Technologie, sowie einem Überschwall an Bildern und Informationen geprägt ist.

Meditation ist für jeden geeignet. Sie ist uns gut zugänglich und es ist überhaupt nicht schwierig, sich daran zu gewöhnen, wenn man sie in das alltäglich Leben einbauen kann.

Hier finden Sie einfache Tipps für den Anfang.

- Planen Sie genügend Zeit ein, um sicherzustellen, dass Sie sich entspannt und nicht gehetzt fühlen. Meditation ist nichts, was man „erzwingen" kann. Es ist etwas, wofür Sie sich Zeit nehmen müssen. Nehmen Sie sich eine Stunde Zeit, um sich auf die Situation einzustellen und um sicherzustellen, dass Sie entspannt sind. Sie können sich bequem auf einen Stuhl setzen, oder ein Kissen oder eine Yogamatte auf den Boden legen.
- Wählen Sie eine Tageszeit, in der Sie nicht unterbrochen werden. Der frühe Morgen und der späte Abend vor dem

Schlafengehen sind ideale Zeiten für die Meditation.

- Beginnen Sie damit, bewusst langsam ein- und auszuatmen. Stellen Sie sich dabei vor, dass Sie mit jedem Ausatmen Spannungen abbauen und reine Entspannung und Ruhe einatmen. Erlauben Sie Ihren Gedanken zu wandern, wohin sie wollen. Sie werden auf flüchtige Gedanken stoßen. Ignorieren Sie sie. Nehmen Sie sie zur Kenntnis wie jemanden, der auf der Straße an Ihnen vorbeigeht, den Sie aber nicht kennen. Konzentrieren Sie sich auf Ihr langsames Ein- und Ausatmen.
- Sobald Sie sich entspannt haben, nehmen Sie Ihren inneren Monolog zur Kenntnis und ignorieren Sie ihn anschließend bewusst, während Sie die Muskeln Ihres Körpers entspannen. An diesem Punkt können Sie visualisieren (mehr dazu weiter unten).

Lassen Sie sich nicht davon beunruhigen, dass Ihre Gedanken umherwandern, wenn Sie einen meditativen Zustand anstreben (der entspannt und bewusst ist, ohne sich um die Kleinigkeiten zu kümmern, die den menschlichen Geist gewöhnlich plagen). Lassen Sie Ihren Gedanken einfach freien Lauf, ohne sie in irgendeiner Weise zu bewerten. Erlauben Sie ihren Gedanken, an Ihrem Geist vorbeizuziehen.

Visualisierung

Ein wichtiger Teil Ihrer Meditation sollte darin bestehen, sich selbst in einer natürlichen Umgebung zu visualisieren. Dazu gehört, dass Sie sensorische Details wie Gerüche, Geräusche, Berührungen und Geschmack wahrnehmen. Wenn Sie sich an einem See befinden, riechen Sie vielleicht Pflanzen, die in der Nähe wachsen, oder den Duft von gegrillten Hamburgern auf einem nahen gelegenen Campingplatz. Sie hören vielleicht Vögel oder den Wind, der die Blätter der Bäume in Ihrer Umgebung zum Rascheln bringt. Vielleicht schmecken Sie den Geschmack des Grillrauchs der Hamburger. Haben Sie Hunger? (Denken Sie daran, dass Ihre Gefühlszustände das Wichtigste von allem sind, wenn Sie die luzide Traumwelt betreten).

Sich selbst in einer natürlichen Umgebung zu visualisieren und sich dabei der Erfahrung bewusst zu sein, läuft parallel zum eigentlichen Akt des luziden Träumens. Je detaillierter Sie bei der Visualisierung sind, desto besser ist Ihr Gehirn auf die vorgestellte Erfahrung eingestimmt. Wenn Sie binaurale Beats verwenden, wird Ihnen dieser Prozess leichtfallen, da Ihr Gehirn an mehreren Fronten trainiert wird - durch die

Klanglandschaft, die Meditation und die Visualisierung, die Ihr meditatives Training begleitet.

Nun, da Sie über einige wichtige Werkzeuge verfügen, um Ihr Gehirn auf das Abenteuer des luziden Träumens vorzubereiten, sind wir bereit, die nächste Phase Ihrer Entwicklung als luzider Träumer einzuleiten.

Im nächsten Abschnitt wird in mehreren Kapiteln beschrieben, was Sie auf Ihrer Reise erleben werden. Sie werden entdecken, was Sie erwarten können, und mehr über die verschiedenen Elemente des Eintritts in die Luzidität und die Kontrolle der Traumwelt erfahren.

Machen Sie sich bereit zu erfahren, wie Sie in das Land der Klarheit eintreten können und was Sie dort erwartet!

Der Beginn des luziden Träumens

Kapitel 4: Grundlegende Induktionstechniken

Das luzide Träumen wurde bereits ausgiebig erforscht, aber es gibt immer noch viel, dass bis heute unbekannt bleibt. Ein Aspekt der Diskussion, der allerdings völlig klar ist, ist der der Induktionstechniken.

Wir wissen, dass diese Techniken erfolgreich sind, da sie in den von mir erwähnten Studien häufig von Forschern eingesetzt wurden. Um das luzide Träumen zu erforschen, braucht man einen luziden Träumer, und so sind Techniken, die diesen Bewusstseinszustand herbeiführen, ein wesentlicher Bestandteil, um zu einem klareren Verständnis in der Forschungsgemeinschaft gelangen zu können.

In diesem Kapitel möchte ich einige wichtige Induktionstechniken mit Ihnen teilen. Das Wichtigste, woran Sie denken sollten, wenn wir uns in die Phase der Induktion des luziden Träumens begeben, ist, dass jeder Mensch anders ist. Manche von uns träumen leichter luzide als andere, und für manche ist eine Technik effektiver als eine andere. Da Sie aber gerade erst anfangen, empfehle ich Ihnen dringend, alle in diesem Kapitel besprochenen Techniken auszuprobieren, um zu sehen, wie diese funktionieren und - was noch wichtiger ist - wie sie bei Ihnen wirken. Die Kombination dieser Techniken erwies sich in der australischen Studie zur Induktion luzider Träume von 2017 als die zuverlässigste Methode. Lernen Sie also, probieren Sie die verschiedenen Verfahrensweisen aus und arbeiten Sie daran, die Induktionstechnik oder die Kombination von Techniken zu finden, die für Sie „perfekt passen".

Lassen Sie uns also in die Traumwelt eintauchen und herausfinden, wie man den Bewusstseinszustand des luziden Träumens herbeiführt.

Realitätsprüfung

Der Begriff Metakognition bedeutet, dass man über das Denken nachdenkt. Das ist unser analytischer Verstand, der sich selbst Fragen darüber stellt, wie er denkt und lernt. Das Testen der Realität schult den Verstand, das Wunder des eigenen Bewusstseins wahrzunehmen und es zu analysieren, zu testen und zu überprüfen.

Die Überprüfung Ihres Bewusstseinszustandes ist ein Akt des Selbstbewusstseins, bei dem Sie genau erkunden, wo sich Ihr Geist gerade befindet. Träumen Sie? Sind Sie wach?

Aber zum Realitätstest gehört mehr, als nur die Frage, ob man wach ist, oder nicht. Das Bewusstsein für die Umgebung, in der Sie die Frage stellen, ist ebenfalls der Schlüssel zur Wirksamkeit dieser Technik. Ihre Beziehung zu der Umgebung und die Art und Weise, wie Sie sich darin bewegen, fließt in die Frage mit ein, indem sie Ihrem Verstand die „Echtheit" Ihres Bewusstseins zurückmeldet. Um das zu bestätigen, müssen Sie Ihre Sinne einsetzen und sich mental notieren, was diese Ihrem Gehirn mitteilen.

Die Realitätstests sollten über den Tag verteilt in Abständen von 2 bis 3 Stunden durchgeführt werden. Wenn Sie glauben, dass Sie Schwierigkeiten haben könnten, sich an Ihre Realitätstests zu erinnern, können Sie sich den Wecker auf Ihrem Computer oder Telefon stellen.

Ihre Sinne sind der Schlüssel zu einem effektiven Realitätstest. Diese Induktionstechnik ist sehr effektiv, wenn Sie nur einen der unten aufgeführten Realtests wählen. Wählen Sie einen der Tests aus und bleiben Sie dabei. Die Wiederholung der Worte „Bin ich wach?" ist der verbale Hinweis, der den von Ihnen gewählten Test begleitet.

In einen Spiegel schauen

Aufgrund der Mobilität in unseren Leben kann es vorkommen, dass Sie Spiegel an verschiedenen Orten benutzen müssen. Das ist kein Problem. Jeder Spiegel ist geeignet.

Schauen Sie in den Spiegel und stellen Sie die Frage: „Bin ich wach?" Dann schauen Sie sich an. Ist das Ihr Gesicht? Erscheinen Sie sich selbst so, wie Sie sich normalerweise im Spiegel sehen? Sind das die Kleider, die Sie morgens angezogen haben?

Einen Teil des Körpers betrachten

Jeder Teil Ihres Körpers ist geeignet, aber wenn Sie diesen Realitätstest durchführen wollen, wählen Sie nur einen Teil aus, z. B. Ihre Hände oder Füße. Wie ich oben schon sagte, hilft es bei der Induktion, wenn Sie diesen Punkt konsistent halten.

Schauen Sie also auf Ihre Hände, Füße, Knie oder was Sie sonst noch sehen können. Sieht alles so aus wie sonst? Sind Ihnen ein oder zwei zusätzliche Finger gewachsen? Haben Sie drei Beine? Wählen Sie das sichtbare Körperteil, das Sie als Test verwenden wollen.

Testen Sie Ihre Atmung

Pressen Sie bei geschlossenem Mund die Nasenlöcher zusammen? Wenn Sie nicht atmen können, sind Sie wach. Wenn Sie noch immer atmen können, träumen Sie!

Überprüfen Sie die Uhrzeit

Schauen Sie auf die Uhr während sie sich fragen: „Bin ich wach?". Schauen Sie dann weg und schauen Sie anschließend wieder zurück. Hat sich die Zeit in der Nanosekunde, in der Sie weggeschaut haben, verändert? Dann träumen Sie. Die Zeit neigt dazu, sich in unseren Träumen aus ihrer Verankerung zu lösen.

Materialität

Wenn Sie einen Gegenstand für einen Realitätstest auswählen wollen, wählen Sie einen Gegenstand oder einen Teil Ihres Körpers, den Sie konsequent als den Realitätstest verwenden wollen. Das kann Ihr mobiles Gerät, Ihr Autoschlüssel, Ihre Hand oder Ihr Bein sein. Vielleicht möchten Sie sich sogar selbst kneifen, während Sie sich fragen: „Träume ich?"

Sie können auch versuchen, die Finger der einen Hand in die Handfläche der anderen zu drücken. Materialität - die Festigkeit von Objekten - ist ein eindeutiges Zeichen dafür, dass Sie tatsächlich wach sind.

Wählen Sie Ihren Realitätstest und führen Sie ihn mehrmals pro Tag durch, zusammen mit der Frage, ob Sie wach sind. Der Realitätstest programmiert Ihren Geist darauf, den Bewusstseinszustand zu hinterfragen, der sich Ihnen bietet. Wenn dies zur Gewohnheit wird, sickert es in Ihren Traumzustand ein.

Wake Back to Bed
(WBTB oder "Ins Bett zurück aufwachen")

Die WBTB-Technik ist genau das, wonach sie klingt. Sie wachen auf und schlafen dann wieder ein.

Es gibt viele Versionen von WBTB, aber probieren Sie zunächst die Folgenden aus, da sie relativ unkompliziert ist:

- Stellen Sie den Wecker auf fünf Stunden nach Ihrer Schlafenszeit. Das ist der Zeitpunkt in Ihrem Schlafzyklus, an dem Sie sich am ehesten in der REM-Phase oder in deren Nähe befinden.
- Wenn der Wecker klingelt, wachen Sie auf und beschäftigen Sie sich 20 bis 30 Minuten lang mit einer Tätigkeit wie Lesen oder Schreiben - etwas, das Ihre volle Aufmerksamkeit und Wachsamkeit erfordert.
- Nach Ablauf der Wachzeit schlafen Sie wieder ein.

Wachsamkeit ist der entscheidende Auslöser für luzides Träumen mit dieser Verfahrensweise. Völlige Wachsamkeit stellt den Bewusstseinszustand wieder her, aber wenn man geweckt wird, bevor man die erforderliche Nachtruhe hatte, ist man schläfrig. Die Unterbrechung des Schlafzyklus setzt den Prozess in Gang. Die Wachsamkeit, die zum Lesen oder Schreiben erforderlich ist, setzt die Traumszene in Gang. Wenn Sie WBTB praktizieren, ist die Wahrscheinlichkeit, dass Sie einen luziden Traum erleben, viel größer.

Wie der Realitätstest ist auch der WBTB eine einfache Technik. Sie ist dabei auch sehr flexibel, so dass Sie sie an Ihre individuellen Bedürfnisse anpassen können. Wie bei allem, was ich Ihnen in diesem Buch mitteile, muss ich auch hier betonen, dass Sie einzigartig sind und dass das, was bei jemand anderem perfekt funktioniert, bei Ihnen vielleicht nicht ganz die gleiche Wirkung hat. Vielleicht brauchen Sie eine längere Aufwachphase. Vielleicht müssen Sie den Wecker auf einen kürzeren oder längeren Zeitraum einstellen. Mit WBTB haben Sie die Flexibilität, zu experimentieren und die Dinge anzupassen.

Wenn Sie Ihre Wachphase beenden, entspannen Sie sich und gehen Sie zurück in den Schlaf, aber tun Sie dies mit der festen Absicht, luzide zu träumen. Suggestion ist in dieser Hinsicht ein mächtiges Werkzeug. Wenn Sie sich selbst sagen, dass Sie etwas tun werden, ist es sehr viel wahrscheinlicher, dass Sie es anschließend auch tun.

Seine Popularität unter den Klarträumern bedeutet, dass Sie endlose Möglichkeiten finden können, um zu diskutieren, was Ihre Mitluzidträumer in Bezug auf WBTB online in den Gemeinschaften tun, die ich im Ressourcenabschnitt am Ende des Buches aufgeführt habe. Sie werden feststellen, dass viele Menschen, die luzide träumen, nur zu gerne ihre Tipps und Tricks mit Ihnen teilen!

Das Beste daran ist, dass WBTB hocheffektiv ist und sehr wenig Aufwand erfordert.

Manche Klarträumer ergänzen WBTB gerne mit IMP (Impossible Movement Practice oder „Praxis der unmöglichen Bewegungen"). Nehmen wir uns einen Moment Zeit, um zu sehen, was diese Technik mit sich bringt.

Unmögliche Bewegungspraxis (IMP)

Daniel Love, der Erfinder dieser Induktionstechnik, hat sie so konzipiert, dass sie mit WBTB funktioniert. IMP kann kurz vor der Rückkehr ins Bett oder auch zu einem anderen Zeitpunkt durchgeführt werden (vor einem Mittagsschlaf oder nach spontanem Aufwachen, wenn es wahrscheinlich ist, dass Sie in den REM-Schlaf zurückkehren).

Die dabei Idee ist, dass Sie sich eine unmögliche körperliche Bewegung vorstellen. Handbewegungen sind ideal für IMP. Bevor Sie beginnen, bringen Sie sich in die Position, in der Sie einschlafen wollen, sei es auf dem Rücken oder auf der Seite. Nun stellen Sie sich vor, wie Sie versuchen, den Handrücken mit dem Daumen der gleichen Hand zu berühren. Das ist nicht möglich.

Aber wenn Sie die unmögliche Bewegung visualisieren und sich beim Einschlafen darauf konzentrieren, werden die Bilder, die Sie in Ihrem Kopf haben, auch beim Einschlafen bestehen bleiben. Wiederholen Sie die unmögliche Bewegung ständig, während Sie einschlafen.

Wenn Ihr Bewusstsein in den Schlaf übergeht, werden Sie eine Veränderung in der Qualität der Bewegung feststellen. Die vorgestellte unmögliche Bewegung nimmt eine greifbare Qualität an und erzeugt das Gefühl, dass Sie sie körperlich ausführen können.

Die Zähltechnik

Dr. Stephen LaBerge hat diese Methode höchstpersönlich zur Induktion luzider Träume erfunden. Das Zählen wird eingesetzt, um luzides Träumen zu initiieren. Es handelt sich um eine einfache, aber hochgradig fokussierte Technik, so dass die Anwender beim Übergang in den Schlaf sehr konzentriert sein müssen. Konzentration ist die einzige Fähigkeit, die für diese Methode unabdingbar ist, und wenn Sie jemand sind, der mit der eigenen Vorstellungskraft zu kämpfen hat, könnte die Zähltechnik Ihre Eintrittskarte zum luziden Träumen sein.

Um diese Technik anzuwenden, entspannen Sie sich in einer bequemen Position und schließen Sie die Augen. Zählen Sie langsam vor sich hin:

„1…ich träume, 2…ich träume, 3…ich träume." Konzentrieren Sie sich beim Zählen auf die Aussage und die Zahlen, die Sie zählen. Fahren Sie fort, bis Sie den Traumraum betreten haben.

Die Technik der Zählinduktion hat sich als sehr erfolgreich erwiesen, wenn sie mit WBTB und der Visualisierung des gewohnten Realitätstests im Wachzustand kombiniert wird. Ihre wahre Kraft liegt im Fokus, der für die Anwendung dieser Induktionstechnik wichtig ist.

Während sich Ihr Geist konzentriert, ist er sich seiner Selbst bewusst, aber gleichzeitig entspannt, weil sich die Aussage „Ich träume" und die sich verändernden Zahlen immer wiederholen. Manche Klarträumer zählen gerne von 100 rückwärts. Wählen Sie das Verfahren, das für Sie am besten funktioniert.

Mnemonische Induktion Luzides Träumens (MILD – Mnemonic Induction of Lucid Dreaming)

Dr. Stephen LaBerge ist der Erfinder dieser Technik. Sie wurde im Rahmen seiner Forschungsarbeit für seine Dissertation entwickelt.

Das Wort „mnemonisch" bedeutet ein Muster, das uns dabei hilft, uns an etwas zu erinnern. Das kann eine Reihe von Buchstaben sein oder assoziative Hinweise, die uns dabei helfen, uns an etwas Wichtiges zu erinnern.

Das ist etwas, was wir alle jeden Tag tun. Wir alle haben unsere eigenen, eigenwilligen, individuellen Hinweise, die uns an Aufgaben erinnern, die erledigt werden müssen. Manchmal geben wir uns eine „To-Do-Liste" im Spiegel, während wir uns die Zähne putzen oder das Gesicht rasieren. Manche Menschen schreiben die Liste einfach auf, denn Schreiben ist eine körperliche Tätigkeit, die dem menschlichen Verstand dabei hilft, einen Gedanken zu konkretisieren.

Der Prozess von MILD ist derselbe. Sie folgen den Schritten (Hinweisen), die Sie daran erinnern, dass Sie träumen. Sie erinnern sich auch daran, im Traumzustand ein Ziel erreichen zu wollen, sei es ein verhaltensbezogenes, geistiges oder intellektuelles Ziel.

MILD ist sehr erfolgreich, wenn Sie es während Ihrer regulären Schlafenszeit praktizieren. Wenn Sie zum Beispiel aus einem Traumzustand erwachen, nehmen Sie sich einen Moment Zeit, um ihn zu untersuchen, und dann wenden Sie die folgenden drei Übungsschritte an:

- Wiederholen Sie die Hinweise
- Versuchen Sie, das Ziel zu erreichen
- Erinnern Sie sich

Die drei Übungsschritte sollen Sie daran erinnern, dass Sie sich des Traumzustands bewusstwerden müssen, wenn Sie wieder schlafen gehen. Sie setzen Ihre Absicht für den Bewusstseinszustand des luziden Träumens fest. Wiederholen Sie sie so oft wie möglich, um das Vertrauen zu entwickeln, dass Sie beim Einschlafen in einen Zustand des luziden Träumens eintreten werden.

Bevor wir uns mit den Details unserer absichtsunterstützenden drei Übungsschritte befassen, lassen Sie uns ein wenig über „Traumzeichen" sprechen, da diese in dieser Technik im Rahmen des Wiederholens der Hinweise eine Rolle spielen.

Ein Traumzeichen ist dabei einfach ein Ereignis, ein Objekt oder ein Ort, der offensichtlich jenseits der materiellen Realität des wachen Lebens liegt. Sie können zum Beispiel träumen, dass Sie auf der anderen Seite des Planeten sind, obwohl Sie sich in Newark oder Cranston befinden. Sie träumen vielleicht, dass Sie eine Glatze haben, obwohl Sie volles Haar tragen. Tiere in Ihren Träumen können sprechen oder menschliche Gesichter haben, oder ihr Fell kann eine seltsame Farbe haben, z. B. rosa. Dies sind alles Traumzeichen. Wir werden später in diesem Buch noch mehr über Gegenstände und Personen sprechen, aber Traumzeichen sind einfach nur Hinweise darauf, dass der Bewusstseinszustand, den Sie erleben, ein Traum und nicht die Realität ist, und sie sind wichtig, weil sie Wegweiser Ihres Unterbewusstseins sind.

Details zu den drei Übungsschritten

Erinnern Sie sich, dass Sie träumen und schreiben Sie das Skript um: Wenn Sie aus dem Traum aufwachen und sich an den Traum erinnern, müssen Sie darüber nachdenken, wie Sie sich einen Traum in einem luziden Bewusstseinszustand vorstellen. Untersuchen Sie Ihren Traum auf ein Traumzeichen. Wählen Sie dann die Stelle im Traum, an der eines dieser Zeichen auftaucht. Dann sagen Sie: „Dies ist ein Traum."

Nach diesem Punkt des Traums organisieren Sie die Ereignisse, die Sie identifiziert haben, neu, um eine Aufgabe zu erfüllen, die für Sie von Bedeutung ist.

Üben Sie: Versetzen Sie sich als Nächstes in den Kontext des Traums zurück, aus dem Sie erwacht sind. Diesmal aber andersherum: Sie stellen sich die Version vor, die Sie gerade vom Punkt des Traumzeichens aus neu geschrieben haben. Stellen Sie sich dabei die Luzidität vor und wie sich der Traum entfaltet, der von Ihrem wachen Geist neu geschrieben wurde. Wiederholen Sie dies nach Bedarf, bis Sie sich selbst klar im Traum sehen können, während Sie sich daran erinnern, dass Sie träumen.

Zur Erinnerung: Jetzt, wo Sie das Skript umgeschrieben und geübt haben, ist es an der Zeit, sich daran zu erinnern, dass Sie sich beim Einschlafen und Eintreten in den Traumzustand bewusst sind, dass Sie träumen.

Sie können etwas sagen wie: „Der nächste Traum, den ich habe, wird luzide sein. Ich werde die Traumzeichen erkennen, wenn sie kommen. Sie können vertraut oder neu sein, aber ich werde wissen, dass es Traumzeichen sind, und ich werde wissen, dass ich träume, wenn ich sie sehe."

Schreiben Sie diese Absicht so, wie es Ihnen passt. Ihre Absicht kann viel einfacher sein. Sie könnte eher so lauten: „Meine Traumzeichen werden mich daran erinnern, dass ich träume, und ich werde sie erkennen." Was auch immer Sie sagen, meinen Sie es. Haben Sie das Vertrauen, dass Ihre Absicht genauso real ist wie in der wachen Welt. Je konzentrierter und zuversichtlicher Sie sind, desto wahrscheinlicher ist es, dass MILD für Sie funktioniert.

Das Wunderbare an der MILD-Technik ist, dass sie auch im Wachzustand angewendet werden kann. Wenn Sie sich zum Beispiel an

Träume aus der Vergangenheit erinnern, können Sie die Technik nutzen, denn auch diese können umgeschrieben und geübt werden, um ein Portal zum luziden Träumen zu schaffen. Sie können die Technik auch auf Ereignisse anwenden.

Vielleicht hatten Sie kürzlich eine Auseinandersetzung mit jemandem, die Ihrer Meinung nach hätte vermieden werden können, wenn Sie anders an die Diskussion herangegangen wären. Schreiben Sie Ihre Gedanken auf, üben Sie sie, und erinnern Sie sich an sie. Wählen Sie den Wendepunkt (an dem sich die Dinge zum Schlechten gewendet haben) als Traumzeichen und ändern Sie dann Ihr Verhalten im luziden Traum. Wenn Sie MILD auf das Ereignis anwenden, setzen Sie einen nützlichen, proaktiven Aspekt des luziden Träumens um – die Tatsache, dass es uns helfen kann, ein besseres, produktiveres und friedlicheres Leben zu führen. Die Anwendungsmöglichkeiten dieser Fähigkeiten sind also praktisch endlos!

Einige hilfreiche MILD-Tipps

Diese Technik ist zwar nicht kompliziert, aber sie erfordert viel Konzentration und Absicht. Diese Tipps werden Ihnen dabei helfen, diesen Aspekt von MILD zu meistern.

Einige Praktizierende stellen fest, dass sie einschlafen, bevor sie die drei Übungsschritte vollendet haben. Sie kennen sich selbst am besten, und Sie wissen, wie schnell Sie einschlafen können. Am besten funktioniert die Verfahrensweise, wenn Sie sich im Bett aufstützen, anstatt sich hinzulegen, oder sogar auf der Bettkante sitzen, während Sie umschreiben, üben und sich erinnern.

Was aber, wenn Sie sich nicht an Ihren Traum erinnern können? Suchen Sie sich einfach einen anderen Traum aus, an den Sie sich detailliert erinnern können, und üben Sie dann mit diesem Traum. Sie können so tun, als sei der Traum klar gewesen, indem Sie die Teile des Reskriptes und der Probe auf den Ersatztraum anwenden.

Der Traum, den Sie am Ende haben, folgt nicht genau dem Weg, den Sie erwarten. Das ist in Ordnung. Träume verändern sich, und es ist nicht der Zweck von MILD, sie in Stein zu meißeln. MILD nutzt die Bilder, die Ihr Verstand als Übung präsentiert hat, um Ihnen zu zeigen, dass Sie träumen. Das ist der Schlüssel - durch das Erkennen der Bilder wird die Wahrscheinlichkeit erhöht, dass Sie Ihre Absichten für das luzide Träumen umsetzen können.

Wenn Sie die drei Rs üben, sollten Sie sich so viele Details wie möglich ins Gedächtnis rufen und dann wiederholen, wiederholen, und erneut wiederholen. Die Wiederholung und Visualisierung und die Wiederherstellung der Lebendigkeit des Traums in Ihrem Geist sollten die emotionale Landschaft, die im Traum vorkommt, und Ihre Gedanken in dieser Umgebung einschließen. Dadurch wird die Handlung konkretisiert und Sie können Ihre Fähigkeit, Ihre Träume zu revidieren und die angestrebte Klarheit zu erlangen, verbessern. Wenn Sie wissen, dass Sie träumen, und sich der Tatsache bewusst sind, dass Sie sich des Traumzustands bewusst sind, können Sie als luzider Träumer geübter werden.

Auch hier ist das Aufschreiben von Träumen aufgrund der physischen Wirkung des Schreibens sehr effektiv. Indem Sie Ihre umgeschriebene Version der Träume in Ihr Traumtagebuch schreiben, materialisieren Sie sie und können Ihren Fortschritt festhalten sowie den ursprünglichen Traum mit dem Umgeschriebenen vergleichen.

Die Übungsschritte sind Ihre Verbündeten beim luziden Träumen. Indem Sie lernen, Traumzeichen zu erkennen, stärken Sie Ihren Geist und trainieren ihn in einer neuen Welt des Bewusstseins. Mit dieser neuen Bewusstheit verbinden Sie Ihren bewussten Verstand mit dem Unterbewusstsein, so dass Sie dessen Reichtümer erschließen können.

Und denken Sie daran: Je mehr Sie üben, desto eher werden Sie in der Lage sein, in den Zustand des luziden Träumens zurückzukehren. Übung macht vielleicht nicht immer den Meister, aber sie verbessert in jedem Fall ganz sicher Ihre Fähigkeit, Ihren Geist zu kontrollieren. Ganz gleich, was Sie sonst noch vom luziden Träumen zu halten glauben, die Kontrolle über Ihren eigenen Geist ist eine Fähigkeit, die sich auch in der wachenden Welt als sehr nützlich erweist. Es ist eine Lebenskompetenz, die es wert ist, weiterentwickelt zu werden.

Sie sollten MILD jede Nacht üben. Vielleicht ziehen Sie es vor, sich zunächst Zeit zu nehmen, um Ihr Vertrauen aufzubauen. Aber während Sie das tun, kann dieser Rahmen für das Üben von MILD für Sie von Nutzen sein.

1. Wenn die Lichter ausgehen

Gehen Sie mit der Absicht zu Bett, das Aufwachen in der Nacht zu bemerken. Erinnern Sie sich daran, sich den Inhalt Ihrer Träume im Detail ins Gedächtnis zu rufen, wenn Sie aufwachen.

Wenden Sie beim Einschlafen die drei Übungsschritte auf einen Traum an, den Sie kürzlich hatten, und rufen Sie ihn sich ins Gedächtnis zurück, so deutlich Sie können. Dann sagen Sie sich, dass Sie nach dem Einschlafen weiter träumen werden. Machen Sie diese Absichtserklärung zum letzten Gedanken, den Sie vor dem Einschlafen haben.

2. Wenn Sie in der Nacht aufwachen

Machen Sie deutlich, dass Sie wissen, dass Sie aufgewacht sind. Sprechen Sie es laut aus. Erinnern Sie sich dann an den Traum und schreiben Sie ihn in Ihr Traumtagebuch.

Wenden Sie auch hier die drei Übungsschritte an. Schreiben Sie die Erfahrung um, üben Sie den Inhalt, als wäre der Traum luzide gewesen. Ein kürzlich geträumter Traum kann als Ersatz dienen, wenn Sie vor dem Aufwachen nichts geträumt haben. Erinnern Sie sich dann, sagen Sie: „Ich werde mich daran erinnern, dass ich träume."

3. Wenn Sie am Morgen aufwachen

Das Erste, was Sie jeden Morgen tun sollten, ist, Ihr Traumtagebuch zur Hand zu nehmen und jedes Detail, an das Sie sich erinnern können, aufzuschreiben, einschließlich des emotionalen Inhalts Ihrer Träume und aller Gedanken, an die Sie sich erinnern können.

Wenden Sie dann die Übungsschritte auf den Traum an, indem Sie ihn so umschreiben und wiederholen, als ob er luzide wäre. Erinnern Sie sich schließlich daran, dass Sie sich beim nächsten Mal, wenn Sie schlafen, daran erinnern werden, dass Sie geträumt haben.

In den nächsten beiden Kapiteln werden wir darüber sprechen, wie Sie Ihre luziden Träume kontrollieren können. Im ersten dieser Kapitel werden wir Techniken zur Traumstabilisierung besprechen. Im zweiten Kapitel werden wir über Ihren Traumkörper sprechen und darüber, wie Sie ihn besser kennenlernen können.

Kapitel 5: Traumkontrolle I: Traumstabilisierungsmethoden

Eines der ersten Dinge, die Sie über die Kunst des luziden Träumens verstehen müssen, ist, dass es eine Kunst ist, die durch Geduld, Übung und eine intensive Lernkurve zu meistern ist.

Ein Teil dieser Lernkurve besteht darin, zu verstehen, dass luzide Träume manchmal früher enden können, als es uns lieb ist. Wenn luzide Träume „zusammenbrechen", kann das frustrierend und enttäuschend sein. Wir werden uns daher einige Gründe ansehen, warum das passiert und wie wir Techniken anwenden können, um luzide Träume zu stabilisieren.

Ein Fallstrick für Anfänger im luziden Träumen ist der Nervenkitzel der Erfahrung. In der Traumwelt luzide zu sein, kann die physischen Zustände in Ihrem Körper verändern, es kann z. B. zum Beispiel die Herzfrequenz verändern. Wenn das passiert, kann der luzide Bewusstseinszustand schnell zum Wachzustand werden und der Traum ist vorbei, bevor er überhaupt begonnen hat! Das ist frustrierend für luzide Träumer, vor allem für diejenigen, die Anfänger und noch ungeschult in dieser Praxis sind. Nachdem sie viel Zeit und Energie in das Erreichen des Bewusstseinszustandes investiert haben, endet dieser viel zu früh.

Es gibt jedoch einige Methoden, die Ihnen dabei helfen können, im luziden Traumzustand zu bleiben. Diese werden wir im Folgenden noch genauer besprechen.

Lassen Sie uns einige ausgezeichnete Techniken zur Verhinderung des Zusammenbruchs Ihrer luziden Träume durchgehen, beginnend mit einigen allgemeinen Ratschlägen zur Traumstabilisierung.

Allgemeine Ratschläge

Achtsamkeit (sich all dessen bewusst zu sein, was Sie gerade tun, und der Menschen um Sie herum, deren Welt Sie mit Ihren Handlungen beeinflussen) ist eine Möglichkeit, Ihre luziden Träume zu stabilisieren. Die Achtsamkeit als Geisteszustand ist eine Absicherung dagegen, dass Ihr Traum zu schnell zusammenbricht.

Wenn Ihr Traum an Klarheit zu verlieren scheint (verblasst), seien Sie sich dessen bewusst. Anzeichen für einen Verlust an Klarheit zeigen sich in einem Verlust an Bildqualität oder Fokus und Farbqualität. Der Verlust von Details ist ein weiteres Anzeichen. Wenn Sie diese Anzeichen sehen, ist es Ihre Aufgabe, sich vollständig in den Traum zu integrieren. Berühren Sie das, was Sie sehen. Bewegen Sie Ihren Körper absichtlich durch den Traum. Je mehr Ihrer Traumsinne Sie im Verlauf des Traums einsetzen, desto wahrscheinlicher ist es, dass die Klarheit wiederhergestellt wird und der Traum nicht zusammenbricht. Sie können auch verbal verlangen, dass die Klarheit wiederhergestellt wird, indem Sie etwas sagen wie: „Ich brauche Klarheit!" oder „Hochauflösend, jetzt!" Wichtig ist, dass Sie es auch meinen, wenn Sie es sagen! Die Absicht ist alles bei den Aussagen, die Sie machen, um luzides Träumen zu induzieren oder einen luziden Traum zu stabilisieren. Fordern Sie Klarheit mit Nachdruck und Durchsetzungsvermögen, um den Zusammenbruch Ihres luziden Traums zu verhindern.

Und wenn Sie das Gefühl haben, dass Sie im Traum erwacht sind, führen Sie den für Sie am besten geeigneten Test durch, um sicherzustellen, dass es sich nicht um ein falsches Erwachen handelt. Oft träumt man, dass man aufgewacht ist. Testen Sie also das Gefühl und vergewissern Sie sich, dass Sie sich wirklich in der Realität befinden.

Ihre Vorstellungskraft ist ein wichtiger Bestandteil des erfolgreichen luziden Träumens. Und sich auf den Traum einzulassen ist eine Funktion, die alle Bilder benötigt, die Sie haben. Ihre Sinne sind mächtig, sogar in der Traumwelt, also gehen Sie über das Sehen hinaus. Setzen Sie Ihre anderen Sinne ein und versuchen Sie aktiv, andere Merkmale des Traums zu „spüren".

Seien Sie auch im Traum so aktiv wie möglich. Tanzen Sie, gehen Sie spazieren, klettern Sie auf einen Baum in der Nähe, machen Sie ein paar Sit-ups. Körperliche Aktivitäten in der Traumlandschaft, die vom Träumenden initiiert werden, sind eines der besten Mittel, um den Traum vor dem Zusammenbruch zu bewahren (dazu finden Sie weiter unten unter „Spinning" und „körperliche Berührungen" weitere Informationen).

Warum brechen luzide Träume zusammen?

Ich begann schon in jungen Jahren mit dem luziden Träumen. Diese Erfahrungen setzten sich bis ins Erwachsenenalter fort, bis ich schließlich beschloss, dass es an der Zeit war, das Phänomen zu untersuchen und herauszufinden, ob ich diesen Bewusstseinszustand absichtlich herbeiführen konnte.

Das Problem mit meinen spontanen luziden Träumen ist hauptsächlich das, welches wir in diesem Kapitel besprechen - der Zusammenbruch. Je mehr ich über die Tatsache nachdachte, dass ich eine ungewöhnliche Art von Traum hatte, desto kürzer wurde der Traum. Ich erinnere mich, dass ich einmal von einem Nickerchen aufgewacht bin. Ich lag im Bett. Ich konnte das Essen auf meinem Bett und die andere Seite meines Zimmers sehen. Es war helllichter Tag, also dachte ich, ich sei wach. Aber dann wurde mir klar, dass andere Details von dem, was ich erlebte, im Wachbewusstsein nicht möglich waren, wie z. B. die vielfarbigen, durchsichtigen Kugeln, die im Raum schwebten.

Untrügliches Zeichen!

Als ich merkte, dass ich träumte, konnte ich in dem Traum bleiben, und ich erinnere mich bis heute lebhaft daran. Dieser Traum hat meine Faszination für das luzide Träumen geweckt. Wenn Sie dieses Buch lesen, haben Sie wahrscheinlich eine ähnliche Erfahrung gemacht.

Das luzide Träumen ist eine aufregende Erfahrung, und manchmal sind wir so aufgeregt, dass wir unseren Traum abbrechen. Das ist völlig verständlich, denn das Phänomen ist wirklich aufregend. Aber hier geht es darum, den luziden Traum zu verlängern, und sich über die Erfahrung zu ereifern, ist ein todsicherer Weg, ihn stattdessen zu beenden.

Eine grundlegende Fähigkeit besteht also darin, sich daran zu erinnern, ruhig zu bleiben. Wie Larry David Ihnen weise raten würde: „Curb Your Enthusiasm!" - Zügeln Sie Ihren Enthusiasmus. Erinnern Sie sich daran, dass Sie so ruhig wie möglich bleiben müssen, um die Luzidität nicht zu stören, während Sie träumen.

Als Nächstes wollen wir uns einige beliebte Techniken zur Stabilisierung luzider Träume ansehen.

Spinning

Stephen LaBerge hat neben vielen anderen Methoden auch die „Spinning"-Technik erfunden, um den Zusammenbruch des luziden Traums zu verhindern. Das Spinning ist eine Form der Visualisierung, die den speziellen Bedürfnissen der luziden Träumer zugeschnitten ist.

Stellen Sie sich vor, wie Sie sich drehen und wenden, wie ein Sufi-Mystiker oder eine Ballerina, die eine Pirouette dreht. Drehen Sie sich schnell oder langsam - es spielt keine Rolle. Sie wählen die Geschwindigkeit, die Sie für die Stabilisierung Ihres Traums am nützlichsten finden.

Die Vorstellung, dass Sie sich drehen, hat den Effekt, dass Sie sich auf den physischen Akt konzentrieren, was Ihre Wahrnehmung schärft. Sie können auch feststellen, dass sich Details des Traums nach der Drehung ändern. Wenn Sie zum Beispiel vor der Drehung draußen waren, finden Sie sich nach der Drehung vielleicht drinnen wieder. Vielleicht möchten Sie sogar einen Ortswechsel visualisieren, um Ihre Umgebung absichtlich zu wechseln.

Während Sie sich drehen (oder eine der anderen hier beschriebenen Stabilisierungstechniken durchführen), können Sie die Worte „Luzidität jetzt!" Ihrer Absicht der Stabilisierung dienen. Wie Sie im Laufe dieses Buches lernen werden, überlagern Aussagen wie diese eine körperliche Handlung (das Sprechen) mit einer intellektuellen Handlung und schaffen so einen stabileren Rahmen für diese Handlung. Es ist ein bisschen so, als ob man Dinge aufschreibt oder laut ausspricht, um eine Dimension des „Realen" in die Körperlichkeit der Handlung hinzuzufügen.

Körperliche Berührung

Auch hier ist die körperliche Ebene ein wirksames Mittel zur Korrektur des Zusammenbruchs luzider Träume. Eine beliebte Technik, um dies zu erreichen, ist, einfach beide Hände aneinander zu reiben.

Das Aneinanderreiben Ihrer Hände als Teil Ihrer Vorbereitung auf das luzide Träumen in der Induktionsphase und dann, während des luziden Traums, schafft es einen Prüfstein im Körperlichen, der die Wahrnehmung im Traumraum schärft und das Bewusstsein für Details schärft, die Ihnen sonst entgehen könnten. Durch eine stabilisierende Handlung, die den Körper mit einbeziehen - selbst wenn Sie sich selbst kneifen - ist es viel unwahrscheinlicher, dass Ihr luzider Traum zusammenbricht.

Fokussierung auf ein physisches Detail

Es liegt in der Natur der Träume, dass eine der zuverlässigsten Methoden zur Stabilisierung einer Traumlandschaft darin besteht, sich auf etwas zu konzentrieren, das sich nicht verändern wird. Ihre Hände, zum Beispiel. Der bewusste Blick auf Ihre Hände und die Erkenntnis, dass sie Ihnen gehören und in der Traumlandschaft unverändert sind, schafft einen Punkt der Stabilität. Carlos Castaneda, berühmt für seine Bücher über die mythische Figur Don Juan und deren Lehren, hat diese Technik in seinen Abenteuern des luziden Träumens angewandt.

Aber physische Details lassen sich überall finden, vom Boden, auf dem man steht, bis zum Bett, in dem man liegt: Das Konkrete und Reale verankert einen nicht nur im wachen Bewusstsein, sondern auch in der Traumwelt.

Mathematik

Sie müssen kein Mathegenie sein, um einfache mathematische Gleichungen wie 2 plus 2 gleich 4 lösen zu können - allein die Tatsache, dass Sie Ihren Verstand zwingen, eine mathematische Summe zu bilden, zentriert Sie in der Traumwelt.

Selbst eine einfache Summe veranlasst Ihr Gehirn dazu, eine seiner höheren Funktionen auszuführen, und schafft so ein Bewusstsein.

Auf den Boden starren

Ihr Körper ist nicht das einzige stabile Element in Ihrem Traum. Ein weiteres ist die Oberfläche, auf der Sie stehen. Wenn Ihr luzider Traum nicht von einer weltbewegenden Katastrophe geprägt ist, ist der Blick auf den Boden oder den Untergrund, auf dem Sie stehen, eine Möglichkeit, Ihren Traum vor dem Zusammenbruch zu bewahren.

Wenn Sie spüren, dass ein Einsturz bevorsteht, schauen Sie einfach nach unten und konzentrieren Sie sich auf die Realität und die Stabilität Ihrer Füße auf dem Boden oder der Erde. Wenn der Boden zusammenbricht oder sich die Erde unter Ihnen öffnet, richten Sie Ihren Blick auf den Himmel oder die Decke! Alles, was in Ihrem Traum stabil ist, können Sie aufmerksam anstarren, um eine klare und überzeugende Traumlandschaft wiederherzustellen.

Schütteln Sie den Kopf

Körperliche Handlungen, die in einem luziden Bewusstseinszustand ausgeführt werden, haben die Macht, Ihre Träume zu verlängern. Allein die Körperlichkeit von Handlungen wie sich drehen, die Hände reiben und den Kopf schütteln, hat das Potenzial, Sie in der Traumwelt zu erden.

Beginnen Sie langsam und absichtlich und schütteln Sie Ihren Kopf von einer Seite zur anderen. Dabei kann es hilfreich sein, diese Handlung mit einer Aussage über Klarheit zu verbinden, wie z. B. „Hochauflösend, jetzt" oder „Ich verlange Klarheit." Die Absicht ist dabei ein Selbstgespräch, das eine klare Botschaft an Ihr Unterbewusstsein übermittelt.

Konzentrieren Sie sich auf Ihre Atmung

Wir haben bereits darüber gesprochen, wie man in einem luziden Zustand ruhig bleibt, und die Atmung ist ein gutes Mittel, um das zu erreichen. Diejenigen von Ihnen, die meinen Vorbereitungsratschlägen gefolgt sind, haben sich bereits mit der Atmung als Mittel zur Zentrierung in der Meditation vertraut gemacht. Beim luziden Träumen funktioniert die Atmung auf die gleiche Weise.

Konzentrieren Sie sich auf das Ein- und Ausatmen und verlangsamen Sie Ihre Atmung, bis Sie spüren, dass sich der Traum stabilisiert hat. Ich betone es noch einmal: Das Atmen ist eine körperliche Handlung. Normalerweise ist sie unbewusst, aber wenn Sie sich auf sie konzentrieren, wird die Atmung zu etwas, das Sie kontrollieren. Wenn Sie Ihre Atmung kontrollieren, kontrollieren Sie auch Ihre Traumwelt.

Ein Experiment

1995 schrieb Stephen LaBerge über ein Experiment, das von Mitgliedern des Lucidity Institute (gegründet von Dr. LaBerge) an der Sanford Universität durchgeführt wurde.

Das Experiment untersuchte die Wirksamkeit des Spinnings, körperlicher Handlungen und einer anderen Methode, die einfach als „mit dem Strom schwimmen" beschrieben wird (was beschreibt, dass man mit der Handlung im Traum weitermacht, obwohl sie zusammenzubrechen droht, als ob alles in Ordnung wäre). Im Folgenden wird die Wirksamkeit dieser Methoden beschrieben.

Die Versuchspersonen wurden angewiesen, die Worte „die nächste Szene wird ein Traum sein" zu wiederholen, während sie die getestete Methode anwandten. An dem Experiment nahmen 34 Versuchspersonen teil. Von ihnen benutzten 53 % alle drei aufgeführten Techniken.

Die Ergebnisse sind für unsere Diskussion über die Traumstabilisierung sicherlich von Interesse. Das Spinning erhöhte die

Wahrscheinlichkeit, dass der luzide Traum fortgesetzt wurde, um etwas mehr als 4 %. Das Aneinanderreiben der Hände erhöhte die Wahrscheinlichkeit um 7 % und das Mit-dem-Strom-Schwimmen um einen zu vernachlässigenden Prozentpunkt.

Diese Ergebnisse, die informell in einer sehr kleinen Stichprobe erzielt wurden, sind nicht repräsentativ, aber sie deuten darauf hin, dass die physische Komponente des Aneinanderreibens der Hände eine viel stärkere Wirkung hatte als die Visualisierung einer physischen Handlung (Spinning). Es wurde auch festgestellt, dass die Visualisierung der Drehung die visuellen Aspekte des Traums störte. Dies könnte manchmal zur Destabilisierung beigetragen haben, anstatt die Wahrscheinlichkeit des Traumabbruchs zu verringern.

Ich freue mich darauf, in zukünftigen Forschungen zu diesen Induktionstechniken mehr über deren Effektivität und Funktionsweise zu erfahren.

Die Zeit verliert im Traum ihre Bedeutung

Ob es sich nun um luzides Träumen oder um die Art von Träumen handelt, an die wir alle gewöhnt sind, die Zeit verliert immer ihre Bedeutung, wenn wir träumen.

Es ist schwer zu sagen, wie lange Träume in Echtzeit dauern. Manchmal scheinen sie stundenlang anzuhalten, obwohl wir nur ein paar Minuten geträumt haben. Nächtliche Träume sind meist kurz und dauern einige Minuten. Aber Träume am Morgen, kurz vor dem Aufwachen, können bis zu 30 Minuten dauern. Wenn sich Ihre Schlafzyklen dem Ende zuneigen, wird der REM-Schlaf tiefer und ermöglicht in der letzten REM-Phase des Zyklus ausgedehnte luzide Träume, wobei die Möglichkeit besteht, dass luzide Träume auch in den Perioden vor und nach der REM-Phase auftreten. Wenn Sie verstehen, wie Sie die Träume, die Sie haben werden, kontrollieren können, können diese viel länger andauern.

Wie Sie gesehen haben, folgen wir einer logischen Übungsabfolge, um Ihre Fähigkeit zum luziden Träumen nach und nach zu entwickeln. Sie müssen bedenken, dass dieser Prozess nicht überstürzt werden darf. Ihr Geist muss auf das Erreichen der Luzidität vorbereitet sein. Es ist zwar verlockend, voranzugehen, Schritte zu überspringen und an der falschen Stelle zu sparen, aber das wird Sie nicht ans Ziel bringen.

Betrachten Sie das luzide Träumen als eine Disziplin, die Sie sorgfältig erlernen müssen. Wie bei jeder anderen Disziplin ist Übung der

Schlüssel. Talent bringt Sie nur so weit wie nötig. Wenn Sie nicht bereit sind, die Arbeit zu investieren, wird Ihr Talent nie verwirklicht werden, da es unentwickelt bleiben wird. Viele von Ihnen, die hier mitlesen, werden eine Affinität zum luziden Träumen verspüren, und das ist großartig. Einige von Ihnen werden spontan luzide Erfahrungen gemacht haben. Das heißt aber nicht, dass Sie automatisch luzide träumen können, nur weil Sie es gerne wollen.

Eine frühere Erfahrung mit dem luziden Träumen bedeutet auch nicht, dass Sie beim luziden Träumen mehr Erfolg haben werden als jeder andere Anfänger. Sie müssen alle vorbereitenden Schritte und Komponenten des luziden Träumens erlernen, bevor Sie das volle Potential, welches das luzide Träumen zu bieten hat, ausschöpfen können. Und dazu gehört auch, dass Sie verstehen, warum Ihre Träume zusammenbrechen und wie Sie sie davon abhalten können.

Vielleicht geben Sie sich mit dem zufrieden, was gerade noch möglich ist. Aber wenn Sie darüber nachdenken, ist das nur zweitklassig. Um zu dem Punkt zu gelangen, an dem Sie die luzide Traumerfahrung beherrschen, müssen Sie akribisch vorgehen, indem Sie die Ratschläge in diesem Buch und an anderer Stelle in Ihren Studien befolgen.

Bevor wir uns dem nächsten Kapitel zuwenden, sollten wir einige der in diesem Kapitel beschriebenen Schlüsseltechniken wiederholen.

Spinning: Beim Spinning projiziert Ihr Geist Bewegung in den Traum, um ihn vor dem Zusammenbruch zu bewahren. Manchmal kann die Anrufung des Spinnings den Traum, in dem Sie sich befinden (der ohnehin zusammenbricht), beenden und Sie in einen neuen Traum katapultieren.

Körperliche Berührung: Die Berührung Ihres Körpers oder von Gegenständen im Traum bindet Sie an den Traumraum und hat das Potenzial, den Zusammenbruch zu verlangsamen oder aufrechtzuerhalten. Es ist die Handlung, die hier zählt.

Fokussierung auf Details: Wenn Sie sich auf bestimmte Details in Ihrem Traum konzentrieren, verbindet sich der Träumer mit dem Inhalt des Traums.

Mathematik: Die Durchführung einer einfachen mathematischen Aufgabe aktiviert die Gehirnfunktion und das Bewusstsein und gibt Ihnen die Kontrolle über Ihren Traum zurück.

Auf den Boden starren: Abgesehen davon, dass Sie die Erde verschlucken oder der Boden, auf dem Sie stehen, zusammenbrechen könnte, verbindet Sie das Starren auf den Boden mit einer physischen Komponente des Traums, die ebenso stabil ist wie Ihr Körper. Diese Stabilität beeinflusst die Gesamtstabilität des Traums, die durch Ihre Konzentration auf den Boden beeinflusst wird.

Konzentrieren Sie sich auf Ihre Atmung: Das bewusste Ein- und Ausatmen in der Meditation ist eine körperliche Handlung, die mit Absicht ins Bewusstsein gebracht wird. Wenn wir ausdrücklich an eine unbewusste Körperfunktion denken, kontrollieren wir sie. Indem wir sie kontrollieren, steuern wir die Traumlandschaft durch unsere bewusste Absicht, so wie wir unser Unterbewusstsein durch den Akt der Luzidität abbauen.

Bevor wir weitermachen, kann ich nicht genug betonen, wie wichtig es ist, dass Sie Ihre luziden Träume in einer ruhigen mentalen Umgebung erleben. Aufgeregt zu sein ist ganz natürlich, aber wenn Sie in diesem mentalen Zustand in das luzide Träumen eintreten, sind Ihre Erfolgsaussichten begrenzt. Ein Großteil der Kunst des luziden Träumens hat mit der Fähigkeit zur Selbstbeherrschung des Träumers zu tun – mit dessen Reaktionen, dessen Denkweise und dessen körperlichen Reaktionen. Es gibt ein „Zen" des luziden Träumens, ein innerer Frieden, der sich auf praktisch jeden Bereich Ihres Lebens anwenden lässt.

Man könnte sagen, dass es beim luziden Träumen eigentlich um Ausgeglichenheit geht. Ausgeglichenheit ist die Fähigkeit, alles, was im Leben geschieht, als gleichwertig zu betrachten. Misserfolge zum Beispiel sind nicht weniger wertvoll als Siege. Das ist im Leben genauso wichtig wie beim luziden Träumen, und ich bin sicher, dass die meisten Leser dem zustimmen werden.

Wenn wir scheitern, versuchen wir es nicht nur erneut, sondern wir lernen auch aus unseren Fehlern. Und diese Veranlagung zum Lernen enthält den Schlüssel zu unserem Erfolg. Lassen Sie sich nicht entmutigen, wenn Ihre luziden Träume scheitern oder Sie nicht beim ersten Versuch oder sogar bei den ersten Versuchen luzide werden. Wenn Sie sich auf dem Weg zur Luzidität bewegen, werden Sie auf Ihrer Reise verstehen, was er von Ihnen verlangt. Oft geht es dabei um die notwendige Veränderung einer Facette unserer Persönlichkeit, die unseren Fortschritt in anderen Bereichen behindert.

Sie müssen diese neuen Methoden und Fähigkeiten zunächst erlernen. Geben Sie sich die Muße und die Zeit, sich dem luziden Träumen respektvoll zu nähern. Sie sind ein Bittsteller zu Füßen des Kosmos, der um Einlass in eine Welt der Wunder bittet. Solche Welten öffnen ihre Türen nicht ohne weiteres. Aber diejenigen, die mit Absicht und Demut anklopfen, werden schließlich eintreten.

In unserem nächsten Kapitel werden wir über Ihren Traumkörper sprechen, darüber, was er ist und wie Sie ihn besser kennenlernen können. Lassen Sie uns also zum nächsten Schritt auf unserer Reise zur Luzidität übergehen.

Kapitel 6: Traumkontrolle II: Gewöhnung an Ihren Traumkörper

„Wenn Sie ein Drittel Ihres Lebens verschlafen müssen, müssen Sie deswegen auch zwangsläufig Ihre Träume verschlafen?"

Stephen LaBerge

Wie Sie vielleicht schon vermutet haben, unterscheidet sich der Körper, den Sie in Ihren Träumen erleben, ziemlich von Ihrem Körper im wachen Zustand. Es sind immer noch Sie. Sie haben nur Fähigkeiten, die Sie in der Wachwelt nicht haben.

Viele von uns sind in ihren Träumen geflogen oder sind gerannt, so schnell wie der Wind. Wir sind über unglaubliche Distanzen gesprungen und haben die sonst unüberwindbaren Wände von Wolkenkratzern erklommen. So wie die Zeit in unseren Träumen keine Bedeutung hat, so haben auch die Grenzen unserer körperlichen Fähigkeiten in der Traumwelt keine Bedeutung.

Aber die Erfahrung des menschlichen Körpers in einem luziden Traum ist ganz anders. In diesem Bewusstseinszustand nimmt der Körper phantastische Eigenschaften an, aber auf eine ganz andere Weise. In diesem Kapitel werden wir also darüber sprechen, wie Sie sich in Ihrem Körper wohlfühlen und sich an die wunderbaren Dinge gewöhnen, die er tun kann, sowie an die Empfindungen, die Sie beim Träumen erleben.

Die Lektionen des Körpers während der luziden Träume

In vielerlei Hinsicht hat die Moderne die Menschen ihres eigenen Körpers beraubt. Hört sich das verrückt an? Nun, lassen Sie uns einen Moment darüber sprechen.

Viele von uns verbringen viel Zeit in Fahrzeugen, seien es private oder öffentliche (Taxis, Verkehrsmittel). Wir neigen dazu, das Gehen um jeden Preis zu vermeiden. Wir leben in Häusern, die voll von Geräten sind, die uns das Leben erleichtern, vom Toaster bis zur Waschmaschine. Wir brauchen nicht einmal mehr das Geschirr selbst abzuwaschen.

Und dann sind da noch die Bildschirme. Interaktive Bildschirme, die uns über Telekommunikation mit anderen Menschen verbinden, die uns unterhalten und informieren, sind im modernen Leben allgegenwärtig, so dass wir viel Zeit damit verbringen, herumzusitzen und zu scrollen oder zu reden oder zu arbeiten.

All diese und viele andere Dinge haben unserem Körper eine Art falsche Redundanz verliehen. Wir betrachten ihn als Vehikel für den Ausdruck unseres innersten Wesens. Aber wie sind wir ohne unseren Körper erkennbar? Wie können wir uns von Ort zu Ort bewegen? Wie umarmen wir die, die wir lieben, oder schließen die Haustür ab, wenn wir unser Haus verlassen?

Die Moderne hat den menschlichen Körper in eine Art Schwebezustand versetzt. Viele von uns verbringen wenig Zeit damit, über unseren Körper nachzudenken, darüber, was er braucht, oder darüber, dass er eine zeitlich begrenzte Ressource darstellt, die eines Tages verfallen und sterben wird.

Aber der Körper ist mehr als nur ein Gefäß. Maurice Merleau-Ponty beschrieb den menschlichen Körper einst als „Grenzland", das uns die Möglichkeit gibt, „eine persönliche Welt zu haben". Der menschliche Körper ist mehr als eine bloße Schnittstelle, er ist eine komplexe Summe unserer Persönlichkeit, die den Menschen, denen wir begegnen, zahlreiche Hinweise darauf gibt, wer wir sind, von unserem Gesichtsausdruck bis hin zu unserem Gesundheitszustand. Und doch vernachlässigen wir aufgrund der bequemen Welt, in der wir leben, unsere körperlichen Bedürfnisse, so wichtig unsere körperliche Gesundheit für unsere Existenz auch sein mag.

Das luzide Träumen ist ein Portal zu einer neuen Art des Denkens über unseren Körper und dessen existenzielle Bedeutung für uns als Menschen. Die Lektionen über unseren Körper beim luziden Träumen umfassen das Nachdenken über die energetischen Superhighways, die ihn bilden, und darüber, wie sich Energie durch sie hindurchbewegt. Aber wir können auch lernen, wo unser Körper geheilt werden muss.

Wenn wir lernen, wie unser Körper im Raum des luziden Traums funktioniert, wo er leicht, fähig und unendlich flexibel ist, kann dies dazu führen, dass wir uns wieder mit diesen erstaunlichen irdischen Ausdrucksformen unserer Menschlichkeit verbinden. Und in dieser Verzückung können wir uns der heiligen Natur dessen nähern, was es bedeutet, als inkarniertes Wesen zu leben, und vielleicht neue, tiefe Wahrheiten lernen, in die wir sonst vielleicht nie eingeweiht würden.

In diesen Träumen, in denen unser Körper nicht vorkommt, können wir etwas über unsere Existenz jenseits dieses Lebens erfahren und darüber, was es bedeuten könnte, wenn unsere physische Existenz endet.

Vorbereitung des Körpers auf das luzide Träumen

Hat die Moderne Sie der intimen Beziehung zu Ihrem Körper beraubt, die von Natur aus vorhanden sein sollte? Fühlen Sie sich auf seltsame Weise von sich selbst distanziert? Betrachten Sie Ihren Körper als eine Art Nervensäge?

Dann sind Sie einer von vielen. Das Wesen der Moderne hat den menschlichen Körper fast zu einer schändlichen Sache gemacht. Wir sind genervt von seinen ständigen Bedürfnissen und Anforderungen. Wir fürchten uns vor den Krankheiten, die ihn beeinträchtigen können, vor Verletzungen oder dauerhaften Behinderungen. Die moderne Philosophie postuliert sogar eine Zukunft, in der der Mensch als evolutionäre Notwendigkeit körperlos werden könnte (Ray Kurzweil).

Wir haben bereits darüber gesprochen, wie Sie Ihren Geist auf das luzide Träumen vorbereiten können, aber da wir jetzt über den Traumkörper und dessen Manifestation während des luziden Träumens sprechen, sollten wir auch kurz auf die Vorbereitung Ihres Körpers eingehen.

Sie werden etwas über eine Version Ihres Körpers lernen, die nur im Bewusstseinszustand des luziden Träumens existiert. Sie müssen sich also wieder mit dem Körper vertraut machen, an den Sie gewöhnt sind. Eine gute Beziehung zu dem Körper, in dem Sie leben, ist eine entscheidende Voraussetzung dafür, dass Sie die Lernkurve, die es zu erklimmen gilt, erfolgreich meistern. Die Aufgabe, Ihren Traumkörper zu kennen und sich an ihn zu gewöhnen, beginnt mit der Absicht, wieder eine bewusste Verbindung zu Ihrem eigenen Körper, seinen Eigenheiten und Fähigkeiten herzustellen.

Wählen Sie eine Form der Bewegung

Ich vermeide hier absichtlich das „S"-Wort. Ich weiß, dass viele bei der Erwähnung dieses Wortes zittern, deshalb werden wir für die Zwecke dieses Buches stattdessen das Wort „Bewegung" verwenden. Dabei wollen wir Sie keineswegs in Bestform peitschen. Es geht dabei lediglich um das Ziel, dass Sie Ihren Wachkörper besser kennenlernen, um sich auf das luzide Träumen vorzubereiten.

Lesern, die es nicht gewohnt sind, über ihr körperliches Wesen nachzudenken, empfehle ich, eine Bewegungsform zu wählen, mit der sie sich nicht nur wohl fühlen, sondern die ihnen auch Spaß macht. Beispielsweise könnte Tanzen das Richtige für Sie sein. Vielleicht fühlen Sie sich aber auch von Tai Chi (der sanften Wiederholung von Bewegungen zur Konditionierung und Dehnung der Muskeln) oder Yoga angezogen. Vielleicht fahren Sie auch gerne Fahrrad.

Für welche Form der Bewegung Sie sich auch entscheiden, es geht darum, in der Bewegung zu leben, während Sie sie ausführen. Hier sind einige Fragen, die Sie sich stellen sollten, wenn Sie die von Ihnen gewählte Form der Bewegung üben, um sich auf das luzide Träumen vorzubereiten:

- Welche Muskeln sind am stärksten ausgeprägt, wenn ich mich bewege?
- Ist mein Körper richtig ausgerichtet?
- Tut mir etwas weh?
- Schlägt mein Herz schneller?
- Bin ich durstig?

Stellen Sie sich Fragen in direktem Zusammenhang mit der Bewegung und wie sich Ihr Körper dabei anfühlt und verhält. Dies ist keine „Übung". Es ist eine Bewegung, die Sie in die Realität Ihres Körpers, in seiner wachen Inkarnation, bringt. Indem Sie sich wieder mit ihm verbinden, erfahren Sie, wie Ihr physisches Wesen auf Bewegung reagiert.

Dadurch werden Sie sich an Gefühle in Ihrem Körper erinnern, die Sie vielleicht vergessen hatten, wie zum Beispiel, wie gut es sich anfühlt, sich absichtlich zu bewegen, wenn das normalerweise nicht Teil Ihres Lebens ist.

Ich werde Ihnen nicht sagen, dass Sie Bewegung zu einem regelmäßigen Bestandteil Ihres Lebens machen sollen. Das muss ich auch nicht. Das werden Sie selbst herausfinden! Und während Sie das tun, verbinden Sie Ihren Körper mit dem Gehirn, das die ganze Show steuert. Diese Verbindung ist immer vorhanden, unbewusst. Aber wenn Sie sich absichtlich dazu bringen, Ihren Körper als Teil von sich selbst und nicht als eine bedürftige, lästige Kiste zu erkennen, werden Sie auf das Wunder des luziden Träumens vorbereitet. Ihr Wachkörper und Ihr Traumkörper sind beide Teil Ihrer Selbst. Aber Ihr Traumkörper, der von Ihrer Akzeptanz und Anerkennung Ihres Wachkörpers geprägt ist, wird viel mehr geschätzt, wenn Sie sich auf die Erfahrung vorbereitet haben, indem Sie Ihre geistige Verbindung zu Ihrem Wachkörper wiederhergestellt haben.

Menschen mit körperlichen Behinderungen genießen ganz sicher einen Traumkörper, der nicht an die körperlichen Einschränkungen ihres Wachkörpers gebunden ist. Aber der Effekt ist noch viel dramatischer, da der Traumkörper Aktivitäten ausführt, die der Wachkörper nicht ausführen kann. Das trifft bis zu einem gewissen Grad auf uns alle zu. Den eigenen Körper zu kennen und sich mit ihm verbunden zu fühlen, ist eine der wirksamsten Methoden, um sicherzustellen, dass wir mit der Realität und ihrer konkreten Natur verbunden bleiben, während wir in diesen Bewusstseinszustand reisen. Wenn Sie sich Ihres Körpers bewusst sind, wird Ihre bewusste Beziehung zu ihm auch in die Traumwelt projiziert, was Sie darauf hinweist, dass Sie träumen.

Der Mini-Me-Vorschlag

Die Doktorin der Psychologie, Judith Koppehele-Gossel, von der Universität Bonn in Deutschland, veröffentlichte die Ergebnisse der Studie, *A template model of embodiment while dreaming: Proposal of a mini-me*, im September 2016. Diese Ergebnisse erschienen in der Zeitschrift *Consciousness and Cognition*.

Die Studienergebnisse deuten darauf hin, dass der Traumkörper unseres Unterbewusstseins wenig mit unserem Wachkörper gemein hat. Dieser Befund wurde dadurch unterstrichen, dass behinderte

Studienteilnehmer ähnliche Ergebnisse im Traum erzielten wie Menschen ohne derartige körperliche Behinderungen. Die Traumkörper der Behinderten präsentieren sich als normativ und unbehindert. Dies veranlasste die beteiligten Forscher zu der Annahme, dass der Traumkörper in Wirklichkeit eine Art Mini-Me (Mini-Ich) ist (wie in den Austin-Powers-Filmen, in denen die Figur Dr. Evil von einer winzigen Person begleitet wird, die sein „Mini-Me" ist).

Die Studie kommt zu dem Schluss, dass der Traumkörper, der in der Lage ist, zu fliegen und durch Wände zu gehen, in unserer Wachwirklichkeit körperlos ist. Seine Realität im Traum ist vom physischen Selbst getrennt und existiert als Schablone unseres verkörperten Selbst.

Diese Schlussfolgerung wurde durch eine physische Kontrolle erreicht. Es wurde ein roter Punkt auf den rechten Arm der Teilnehmer gezeichnet. Die Forscher wiesen die Teilnehmer an, sich die Markierung auf ihrem Arm bewusst zu machen, bevor sie in die Traumwelt eintraten. Als die Teilnehmer über ihre Träume berichteten, stellte sich jedoch heraus, dass diese physische Kontrolle in den Berichten nicht auftauchte. Selbst als der Kontrollmechanismus angepasst wurde, indem die Teilnehmer aufgefordert wurden, sich intensiv auf den Arm zu konzentrieren, waren sich die Teilnehmer des roten Punktes zwei Minuten lang vor dem Einschlafen bewusst, und die Ergebnisse blieben die gleichen. Dies deutet darauf hin, dass der Traumkörper ein vom Unterbewusstsein erzeugtes Mini-Ich ist, dass die allgemein akzeptierte Form des fähigen menschlichen Körpers annimmt. Die Teilnehmer mit unterschiedlichen Fähigkeiten waren in ihren Träumen normativ grundsätzlich fähig.

Auf seine physische Funktion reduziert, ist der Traumkörper ein Mini-Ich, denn er ist nicht die ganze Fülle dessen, was Sie als Person ausmacht. Vielleicht ist es treffender zu sagen, dass der Traumkörper viel mehr die Fülle der unterbewussten Erwartungen an unseren Körper oder der Wünsche an ihn ausmacht. Unbeeinflusst von der physischen Realität des Wachkörpers agiert der Traumkörper im Traumzustand als eine bloße Repräsentation oder als eine Art Prototyp.

Die Bezeichnung des Körpers als „Mini-Ich" trägt viel zum Verständnis des Traumkörpers bei, und liefert und auch eine Erklärung dafür, warum wir in der Traumwelt so erstaunliche körperliche Leistungen vollbringen können. Es ist ja nicht wirklich unser Körper, der zu diesen Dingen in der

Lage ist. Es ist der Körper aus unseren Träumen, der außerhalb der Traumwelt nirgendwo anders in der Form existiert.

Der rote Punkt auf den Armen der Teilnehmer beweist, dass sich der Traumkörper vom Wachkörper unterscheidet. Wäre dies nicht der Fall, wäre der rote Punkt auf die eine oder andere Weise in den Träumen der Teilnehmer aufgetaucht, aber es gab keinerlei Anzeichen dafür, dass er das tat.

Das wichtigste Ergebnis der Studie war, dass der Traum nicht durch Methoden zur fokussierten Aufmerksamkeit oder durch die Macht der Suggestion beeinflusst werden kann (z. B. gelang es den Teilnehmern nicht, sich erfolgreich zu wünschen, von dem roten Punkt auf Ihrem Arm zu träumen).

Dr. Koppehele-Gossel merkte an, dass die Studie darauf hinweise, dass der Traumkörper nicht dem Wachkörper entspreche, sondern eher eine minimalistische Darstellung sei, was die Forscher dann dazu veranlasste, den Begriff „Mini-Ich" zu verwenden. Der Traumkörper ist also eine eigene Realität, die vom Unterbewusstsein erzeugt wird.

Die meisten Träumer sehen in ihren Träumen wenig von ihrem Körper. Aber in diesem Buch geht es um das luzide Träumen, also wollen wir den Traumkörper auch in diesem Zusammenhang untersuchen. Koppehele-Gossel hofft, die tiefere Bedeutung des Verkörperten Träumens zu erforschen und wie sie mit verschiedenen Bewusstseinszuständen zusammenhängt. Ich persönliche freue mich auch in Zukunft darauf, mehr über dieses faszinierende Teilgebiet der Forschung zu lesen.

Der Körper des luziden Traums

Der Traumkörper in konventionellen Träumen ist für uns von Interesse, wenn wir die Kunst der Luzidität diskutieren. Die meisten Träumer „sehen" ihren Traumkörper zwar nicht, aber sie sind sich bewusst, dass er körperliche Leistungen vollbringen kann, so dass eher die Handlung als die Beobachtung den Bezug herstellt.

Beim luziden Träumen treibt die Beobachtung, begleitet von luzidem Bewusstsein, die Handlung voran. Zumindest hoffen wir das, wenn wir den luziden Traumraum betreten.

Aber um den Traumkörper „sehen" zu können, müssen wir alle Waffen in unserem Arsenal des luziden Träumens einsetzen. Dazu gehört, dass wir uns im Wachzustand mit unserem physischen Selbst verbinden und wissen, wie sich unser Körper anfühlt, wie er aussieht und wozu er fähig ist. Diese Verbindung ist wichtig, weil sie den luziden Traum selbst beeinflusst. Die Realität und die Traumwelt arbeiten in einer kreativen Synergie zusammen, über die wir im Moment gerade deswegen sprechen, weil sie beeinflusst, wie unser Körper im luziden Traum aussieht und wie er sich verhält.

Auch wenn der Mini-Ich-Vorschlag den Forschern eine faszinierende neue Möglichkeit zur Untersuchung des Bewusstseins bietet, hat er keine Auswirkungen auf die abweichende Erfahrung des luziden Träumens. Da es sich um eine andere Form des Bewusstseins handelt, ist der Körper, den wir beim luziden Träumen benutzen, genauso anfällig für Suggestionen wie alles andere, was uns in unseren Träumen begegnet, sobald wir darin geübt sind.

Realitätschecks und der Traumkörper

Ich habe in diesem Kapitel betont, wie wichtig es ist, dem intellektuellen Bewusstsein das körperliche Bewusstsein hinzuzufügen, da dies nur eine weitere Möglichkeit bietet, um die Realität zu überprüfen, in der Sie sich befinden. Sie können Ihr Repertoire an Realitätstests um eine Frage erweitern: „Ist das mein Körper?" Sie können diese Frage jedem Teil Ihres Körpers stellen oder sie auf den gesamten Organismus anwenden. Sie können dann sagen: „Ich werde jetzt fliegen", „Ich werde diese steile Wand hinaufklettern" und andere bejahende Aussagen über Ihre körperlichen Fähigkeiten in der luziden Traumwelt formulieren.

Schließlich kann Ihr Traumkörper in einem luziden Traum alles tun, was Sie wollen, je nachdem, wie Sie Ihre Aktivität im Traumraum steuern und orchestrieren. Und wir wissen bereits, dass die Realitätsprüfung auf körperlicher Basis zu den effektivsten Methoden gehört (Zu diesen gehören der Druck der Handfläche einer Hand mit den Fingern der anderen Hand und andere körperliche Übungen).

Ein wiederkehrender Traum, den ich seit meiner Teenagerzeit erlebe, zeigt mich auf der Flucht vor einer unsichtbaren Bedrohung. Wenn ich den Teil des Traums erreicht hatte, in dem ich vor dieser Bedrohung weglief, endete der Traum gewöhnlich damit, dass ich versuchte, dem angreifenden Wesen davonzulaufen und dabei aufwachte. Aber mit der Zeit erkannte ich den Traum und erkannte, dass ich das Ergebnis ändern konnte. Als ich in die Traumlandschaft hineinlief, wurde mir klar, dass ich *mich selbst* zum Fliegen bringen konnte, und plötzlich flog ich. Die Frage war beantwortet, bevor sie gestellt wurde, denn ich wusste instinktiv, dass ich fliegen konnte, wenn ich es wollte.

So funktioniert das luzide Bewusstsein mit dem Traumkörper in der Traumwelt. Sie steuern die Handlung, um die gewünschte Wirkung zu erzielen. In meinem Beispiel bestand der Wunsch darin, einer unbekannten Bedrohung zu entkommen, indem man sich einfach in die Luft erhob. Es spielt keine Rolle, was Ihr wacher Körper in seinem Bewusstseinskontext tun kann oder nicht. Ihr Traumkörper steht Ihnen zur Verfügung, Sie können ihn kontrollieren, genießen und auf Abenteuer schicken, die Sie sich nie vorgestellt haben - selbst wenn dieses Abenteuer darin besteht, einer Bedrohung durch einen plötzlichen Flug in der Luft zu entgehen! Was auch immer Sie sich wünschen, Sie können es mit Ihrem Bewusstsein erreichen.

Indem Sie eine bewusstere, absichtsvollere Beziehung zu Ihrer physischen Person entwickeln, gewinnen Sie größeres Vertrauen darin, die Handlungen Ihres Traumkörpers zu lenken, und das Verständnis für die materiellen Fähigkeiten Ihres Wachkörpers erdet und zentriert Sie in ihm. Das bindet Sie an die Realität und öffnet die Tür zur Vereinigung mit Ihrem geheimnisvollen und unendlich fähigen Traumkörper. Ob Sie nun fliegen, durch Wände gehen oder unsichtbar sein möchten, Ihr Geist ist der Geburtsort Ihres Traumkörpers. Aber seine Beziehung zu Ihrem materiellen Körper bildet die konkrete Grundlage für Ihre Einsicht darüber, wie Sie ihn in der Traumwelt nutzen können.

Denken Sie daran, dass der Körper eine ganzheitliche Realität darstellt. Was wir über unseren materiellen Körper in die Traumwelt projizieren, ist eine Funktion des Geistes, der alle Körperfunktionen steuert, sowohl bewusste als auch unbewusste. Das Leben im ganzheitlichen Wunder des Körpers erhöht die Selbsterkenntnis und das Verständnis dafür, was es bedeutet, ein Mensch zu sein.

Kurz gesagt, der Traumkörper ist Ihre psychologische Projektion des realen Körpers. Er ist weniger ein „Mini-Ich" als vielmehr ein Hologramm, das von Ihrem Willen und Ihrer Vorstellungskraft gesteuert wird. Wie Ihr Wachkörper tanzt auch der Traumkörper nach Ihrer Pfeife. Sogar der normalerweise unbewusste Vorgang des Atmens kann manipuliert werden, um Ihnen besser zu dienen.

Sie und nur Sie sind der Erzeuger des Traumkörpers. Sie können sozusagen das Lied wählen, das in der Jukebox spielen soll, und sich auch den Tanzpartner und den Tanzsaal selbst aussuchen. Wenn Sie sich selbst als ein integriertes Wesen oder eine einheitliche Realität begreifen, werden Sie im Traumkörper einen Freund, einen Vermittler und eine Projektion einiger Ihrer größten Hoffnungen finden.

In unserem nächsten Kapitel werden wir Symbole und Objekte entdecken, die in unseren luziden Träumen erscheinen, was sie bedeuten, warum sie erscheinen und wie man Symbole und Objekte im Traumraum erzeugt. Wir werden uns auch einige Beispiele dafür ansehen, wie diese Gegenstände in der Traumlandschaft funktionieren.

Kapitel 7: Traumobjekte und Traumsymbole

Dieses Kapitel ist eines der psychologisch interessantesten des Buches und befasst sich mit den Objekten und Symbolen, denen wir im luziden Traumraum begegnen.

Aber wir sehen diese Zeichen natürlich nicht nur in diesem abstrakten Zustand des Bewusstseins. Sie sind überall um uns herum. Das Studium der Semiotik gibt Aufschluss über die Bedeutung, die sie im Zusammenhang mit dem luziden und dem konventionellen Träumen haben.

Ein Zeichen enthält beispielsweise die globale Bedeutung von Symbolen und deren Funktionsweise in sich. Zum Beispiel wird das Schild zum Straßenüberquerverbot global so interpretiert, dass es bedeutet: „Bleiben Sie auf dem Bordstein, oder Sie laufen in den Gegenverkehr", was über die symbolische Bedeutung des Zeichens über die Anweisung „Nicht überqueren" noch deutlich hinausgeht. Das Symbol ist Teil des Zeichens und weist auf die Gesamtheit der Bedeutung auf einer tieferen Ebene hin.

Carl Jung, der berühmte Psychiater und Psychotherapeut, begründete die Disziplin der analytischen Psychologie, indem er ein System von Archetypen (ähnlich den „Formen" in der griechischen Philosophie) aufstellte, die das menschliche Verhalten steuern, informieren und ihm zugrunde liegen sollten. Jung betrachtete Symbole als ganzheitliche, „lebendige Körper" und folgte damit deren Bedeutung in der aristotelischen Formenlehre, die besagt, dass das Symbol nicht unabhängig, sondern allein durch das Objekt, das es repräsentiert, existieren kann. Platon vertrat die gegenteilige Auffassung, dass die Formen eine universelle Abstraktion seien, die außerhalb der Grenzen des Objektes existierten.

Jungs Archetypen existieren als gemeinsame Themen im menschlichen Leben und die damit verbundene Symbolik. Er war der Ansicht, dass Archetypen aus dem kollektiven Unterbewusstsein heraus entstanden seien und glaubte, sie brächten in zahlreichen verschiedenen Kulturen eine gemeinsame Bedeutung hervor. Archetypen tauchen häufig in der Kunst und in religiösen Darstellungen auf, aber auch in unseren Träumen, und das luzide Träumen ist davon nicht ausgeschlossen. Als Psychiater bezeichnete Jung die Archetypen als das Selbst, die Persona, den Schatten und die Anima/Animus, da sich die von ihm entwickelte Theorie der Formen auf die menschliche Psyche bezog. Diese vier Archetypen bilden ein Dach über den 12 Jung'schen Archetypen, die ein Thema für ein anderes Buch sind, aber ich hoffe, Sie werden ermutigt, ihnen zu begegnen und sie als Teil Ihrer Reise zum luziden Träumen zu verstehen. Sie können für diejenigen von uns, die unser Unterbewusstsein ausloten, sehr nützlich sein.

Jung'sche Archetypen

Jungs Hypothese besagt, dass die primitive Vorgeschichte, die alle Menschen teilen, die Quelle der Archetypen ist, die wir weltweit teilen. Trotz kultureller Unterschiede, Zwänge und Barrieren sind diese Archetypen ein Teil von uns und schlummern im kollektiven Unterbewusstsein als gemeinsames menschliches Erbe.

Schauen wir uns die vier Archetypen einmal an, die im letzten Abschnitt bereits erwähnt wurden.

Das Selbst

Das Selbst ist das verbindende Prinzip der menschlichen Erfahrung. Es ist die Grundlage unseres Bewusstseins und der alles entscheidende Ort, an dem wir herausfinden, wer wir sind, und dann *diese Person sein können*.

Die Persona

Die Persona ist unsere öffentliche Darstellung gegenüber anderen, im Wesentlichen eine „Maske", die wir tragen. Diese Maske steht für Konformität und unseren allgemeinen Wunsch, gemocht und akzeptiert zu werden. Das wahre Selbst wird durch seine Präsentation vermittelt, in der es verschleiert ist.

Die Anima/Animus

Dieser Archetyp repräsentiert das dimorphe, biologische Geschlecht, aber als Spiegelbild des anderen Geschlechts. Alle Frauen und alle Männer haben Eigenschaften, die im sozialen Konstrukt des Geschlechts entweder als „weiblich" oder als „männlich" gelten.

Da Männer und Frauen während der gesamten Geschichte miteinander gelebt haben, werden die Grenzen der gesellschaftlich vorgeschriebenen Geschlechter in Jungs Modell durch die Vertrautheit verwischt. Der Animus (männlich) teilt unbewusst die Eigenschaften der Anima (weiblich), während die Anima im Gegenzug die männlichen Züge teilt.

Der Schatten

In Analogie zu Freuds „Es" ist der Schatten ein Konstrukt unserer animalischen Natur. Der Archetyp symbolisiert die Freiheit der „Wildheit", die nicht durch Konformität behindert wird. Er steht aber auch für das menschliche Potenzial (ja sogar die Neigung) zur Zerstörung. Dies ist die Seite von uns, die sich am Rande der Wildheit bewegt.

Wie Sie aus diesen einfachen Erklärungen der Archetypen, die allen Menschen gemeinsam sind, ersehen können, gibt es hier viel zu erlernen, insbesondere im Hinblick auf das luzide Träumen. Eine Frage über die wahre Natur des Selbst und seinen Ausdruck in der Welt brennt den meisten Menschen fast sofort auf der Seele. Welche Maske tragen wir in unserem täglichen Leben, um dem zu entsprechen, was allgemein als gesellschaftlich „akzeptabel" angesehen wird. Wie hemmen wir unser Potenzial als Männer und Frauen aufgrund von Verboten über „akzeptable" Verhaltensweisen der beiden Geschlechter, die an Geschlechterkonstruktionen gebunden sind? Wie manifestiert sich unser Schatten-Archetyp in unserem Leben? Haben wir ihn unter Kontrolle?

Und schließlich fordern uns die Jung'schen Archetypen auf, unser innerstes Selbst zu betrachten, um festzustellen, ob wir unser Leben in vollen Zügen leben. Dies ist eine Schlüsselfunktion des luziden Träumens - im Traumraum können wir uns die Fragen stellen, die Blockaden und alte Vorstellungen über die Bedeutung unserer Person und des Lebens, das wir führen, beseitigen. Stereotype und vorgeschriebene Verhaltensweisen sind oft der Grund dafür, dass sich manche Menschen in ihrem Leben festgefahren fühlen.

Die Archetypen von Jung sprechen bereits seit Beginn des 20. Jahrhunderts zu den Menschen. Obwohl sie nie so weit verbreitet waren wie die Ideen Freuds, beeinflussen Jungs Ideen weiterhin die Psychologie, die Kultur, die Kunst, die Filmkunst, die Musik und zahlreiche andere Bereiche unseres modernen gesellschaftlichen Lebens. Leider hat das Fehlen einer biologischen Grundlage für die Jung'schen Archetypen dazu geführt, dass das Konzept bis zu einem gewissen Grad marginalisiert wurde. Die Jung'schen Archetypen sind nach wie vor ein Portal zur Selbstreflexion und Verbesserung, und deshalb sind wir hier.

Da wir nun ein wenig darüber wissen, wie Jung den menschlichen Geist als Teil eines globalen kollektiven Unbewussten betrachtete, lassen Sie uns nun über Objekte und Symbole sprechen. Insbesondere darüber, warum sie in luziden Träumen erscheinen und wie die Wissenschaft diese Manifestationen wahrnimmt.

Das Objekt in der Traumlandschaft

Objekte, die in Klarträumen erscheinen, können für den Träumenden eine besondere Bedeutung haben. Sie sind für jeden anders, und wenn sie für Sie eine tiefere Bedeutung haben, werden Sie es sofort bemerken.

Ein Teddybär aus Ihrer Kindheit kann Ihnen ganz plötzlich wieder in die Hände fallen. Dieser Teddybär kann für Sie ein Symbol des Trostes sein. Für jemand anderen kann er ein Objekt sein, das ein traumatisches Ereignis symbolisiert.

Und das ist die spannende Sache bei den Objekten in den Traumlandschaften - sie sind nicht immer als „sie selbst" dargestellt. Sie sind oft ein Zeichen, das für den Träumenden eine tiefere symbolische Bedeutung hat. Was für einen Träumer tröstlich ist, kann für einen anderen eine unangenehme Erinnerung an eine traumatische Erfahrung aus vorherigen Erlebnissen sein.

Das Objekt steht für einen Lebensabschnitt oder ein bestimmtes Ereignis, aber es ist wichtig, dass Sie sich daran erinnern, dass Objekte in luziden Träumen nicht nur den weltlichen Gegenstand darstellen, sondern oft noch eine tiefere Bedeutung haben. Wenn Sie also glauben, dass Sie Ihren Kindheitsteddy zurückbekommen haben, weil Sie ihn im Traumraum gesehen haben, so trifft das nicht unbedingt zu. Dieses immaterielle Zeichen symbolisiert eine Realität in Ihrem Leben, die von Ihnen vielleicht mehr Aufmerksamkeit verlangt. Gegebenenfalls erinnern Sie sich schlecht an diesen Teil Ihres Selbst, oder die Erinnerung wird verdrängt, weil sie für Sie schmerzhaft oder unangenehm ist. Mehr als alles andere stehen Objekte in allen Träumen - nicht nur in luziden - für ihre Gegenstücke in der materiellen Welt und für wichtige Ereignisse, in denen sie vorkommen.

Manche Objekte in der Traumwelt haben mehr als nur eine mögliche Bedeutung - eine persönliche für den Träumenden und eine andere, die eine globale, semiotische Interpretation der Bedeutung des Objekts entspricht.

Es könnte zum Beispiel vorkommen, dass Sie von einem Kissen träumen, das mit dem tröstlichen Spruch „Nirgends ist es schöner als Zuhause" bestickt ist. Vielleicht erinnern Sie sich an das Kissen, weil Sie es mal bei sich im Haus hatten. Nach dem Aufwachen erinnern Sie sich dann, dass es sich um ein Kissen im Wohnzimmer der Wohnung handelt, die Sie mit einem früheren Ehepartner geteilt haben. Sie assoziieren das Objekt nicht mit dem Slogan oder der allgemeinen Interpretation eines Kissens im Traum. Die allgemeine Deutung eines Kissens im Traum ist die des Komforts, des Schutzes und der Sicherheit.

Aber in Ihrem Traum ändert sich diese Interpretation dramatisch. Die Erfahrung, die Sie mit dem Kissen machen, ist trotz des tröstlichen Slogans nicht mit Komfort oder Sicherheit verbunden. Sie erinnern sich an das Kissen als ein Symbol für die unangenehme Realität Ihrer nun gescheiterten Ehe – und daran, dass Ihr Zuhause kein komfortabler oder sicherer Ort war, aufgrund dessen, was zwischen Ihnen und Ihrem früheren Ehepartner vorgefallen ist.

Der luzide Traum bietet eine Gelegenheit mit Bezug auf Objekte, die als Erinnerung an negative Ereignisse in der Vergangenheit oder in Ihrem früheren Leben erscheinen. Sie zeigen sich in der Traumlandschaft als Möglichkeiten. Diese Chancen hängen wiederum von der Bedeutung des Objekts für Sie ab. Eine negative Assoziation mit dem geträumten Objekt ist in der Regel eine Angelegenheit, die nach einer Lösung schreit. Bei der bereits beschriebenen persönlichen Assoziation mit dem Kissen würde es sich oberflächlich betrachtet um die Notwendigkeit handeln, mit einer psychologisch schädlichen Vergangenheit abzuschließen. Ein Traum von einem solch düsteren Kissen mit einem im Allgemeinen harmlosen aufgestickten Spruch würde darauf hinweisen, dass Sie sich von einer Vergangenheit befreien müssen, die Sie weiterhin mental belastet. Vielleicht haben Sie sogar eine posttraumatische Belastungsstörung, die behandelt werden muss.

Neben dem Teddybären sind noch andere Objekt, die eine universell bekannte Bedeutung im Traum haben, als Symbole in vielerlei Hinsicht hilfreich. In einigen Fällen erweisen Sie sich aber auch als frustrierend, wenn man versucht, die Botschaft eines Traums genau zu deuten.

Was die Wissenschaft über visuelle Traumbilder und Visionen von Objekten aussagt

Im Mai 2013 veröffentlichte eine Gruppe von Forschern aus Kyoto, Japan, ihre Studie über das Träumen im Journal of Science. Unter dem Titel „Neural Decoding Of Visual Imagery During Sleep" (Neuronale Dekodierung visueller Bilder während des Schlafs) versuchten die Forscher, ein Modell zur Vorhersage dessen zu entwickeln, was Menschen in ihren Träumen sahen, wobei sie „ein MRT, ein Computermodell und Tausende von Bildern aus dem Internet" verwendeten, so hieß es in einem Bericht im Smithsonian Magazine vom 4. April 2014. Letztendlich konnten die Forscher den Inhalt der Träume von drei Probanden mit einer Genauigkeit von 60 % vorhersagen.

Das Spannende daran ist, wie die Forscher in der Lage waren, dies so genau herauszufinden. Auch wenn sich die Studie mit konventionellen und nicht mit luziden Träumen befasste, sind die gedanklichen Abläufe, die bei der Entstehung von Träumen im menschlichen Gehirn ablaufen, von größtem Interesse für uns.

Die Studie geht von der Vorstellung aus, dass unser Gehirn nach einem bestimmten Muster auf visuelle Bilder reagiert. Mit der Zeit kann aus dieser Hypothese ein Algorithmus entstehen, der in der Lage ist, die Reaktionsmuster des Gehirns auf verschiedene Kategorien von Bildern abzugleichen. Die Untersuchung dieser Hypothese über Bilder und das Gehirn wurde zwar schon früher in Angriff genommen, aber nur damals an wachen Probanden durchgeführt. Die Kyoto-Studie befasst sich mit dem Zustand eines schlafenden Gehirns.

Die Studie konzentrierte sich auf 3 Teilnehmer. Jeder absolvierte 3-stündige Schlaf-„Schichten" mithilfe eines MRTs. Während der zehntägigen Studie wurden die drei Probanden mit einem EEG (Elektroenzephalographie-Gerät) verkabelt, um die elektrische Aktivität des Gehirns zu verfolgen. So konnte man feststellen, in welchem Stadium des Schlafzyklus sich die Teilnehmer gerade befanden. Interessanterweise konzentrierten sich die Forscher vor allem für den Non-REM-Schlaf (der kurz nach dem Einschlafen eintritt) und legten den Schwerpunkt ihrer Studie auf diesen Zyklus fest.

Die Probanden wurden so lange beobachtet, bis sie in die oben beschriebene Phase 1 des Schlafzyklus eintraten. Dann wurden sie geweckt, um den Forschern ihre Träume zu beschreiben, die dieses Protokoll im Laufe der zehntägigen Studie 200-Mal durchführten.

Auf raffinierte Weise notierten die Forscher die 20 häufigsten Bildtypen, die die Probanden sahen (z. B. Person, Gebäude, Vase), und suchten dann im Internet nach Bildern, die diesen 20 Kategorien entsprachen.

Die Bilder wurden den Studienteilnehmern im Wachzustand und im MRT-Scanner gezeigt. Die Messwerte für die daraus resultierenden Anzeigen wurden dann mit den Messwerten der Probanden verglichen, während sie von den entsprechenden Gegenständen träumten. Auf diese Weise konnten die Forscher Aktivitätsmuster im Gehirn ermitteln, die mit einem bestimmten Bild in Verbindung stehen, und nicht etwa Muster, die überhaupt nichts mit dem Bild zu tun haben, sondern einfach mit dem Bewusstseinszustand im Schlaf.

Die von den Teilnehmern gesammelten Daten über die Art der in ihren Träumen auftauchenden Objekte und die MRT-Aufnahmen, die die Reaktionen ihrer Gehirne zeigen, wurden einem Lernalgorithmus (maschinelles Lernen) zugeführt. Der Algorithmus war in der Lage, sein Modell zur Vorhersage der von den Teilnehmern in ihren Träumen gesehenen Bilder auf der Grundlage der Daten zu verfeinern und zu verbessern.

Die Studienteilnehmer kehrten zum MRT zurück, um den neuen Algorithmus anzuwenden und seine Genauigkeit zu testen. Es wurden Videos generiert, die Bildersätze (aus dem Internet) und das wahrscheinlichste Objekt aus der Liste der 20 häufigsten Objekte, die die Teilnehmer in ihren Träumen gesehen hatten, enthielten.

Das neue Vorhersagemodell übertraf zwar den „Zufall", war aber nicht perfekt, aber 60 % Genauigkeit sind auch nicht gerade wenig für ein Vorhersagemodell, das an schlafenden Probanden getestet wird!

Der Algorithmus erwies sich als genauer, wenn es darum ging, Bildmaterial aus verschiedenen Bildkategorien zu identifizieren. Innerhalb einer Kategorie waren die Ergebnisse weit weniger zuverlässig.

Ich denke, es ist wichtig zu betonen, dass diese Studie konkrete Beweise dafür liefern konnte, dass unsere Träume auf die Wahrheit dessen hinweisen, wovon Carl Jung in seinen Erkundungen des menschlichen Geistes gesprochen hat. Es gibt archetypische Objekte und

Symbole, die wir alle kennen - ohne zu wissen, woher oder warum. Sie stehen für ein gemeinsames psychologisches, emotionales und spirituelles Band zwischen allen, die träumen. Unsere Träume, in denen diese Archetypen vorkommen, weisen ziemlich deutlich auf die Existenz eines kollektiven Unbewussten hin.

Die Forscher der Kyoto-Studie halten diese Studie für einen möglichen Vorreiter in der Wissenschaft der Traumanalyse, was für alle Träumer, ob luzide oder nicht, eine aufregende Sache ist.

Ich hoffe, die Leser können das Potenzial des luziden Träumens erkennen, das in beide Richtungen geht. Einerseits kann es dazu dienen kann, die Gehirnaktivität zu beschreiben, die am luziden Träumen beteiligt ist, andererseits hat es außerdem das Potenzial, der Wissenschaft zu einem genaueren Verständnis dessen zu verhelfen, was im Gehirn während des Schlafs passiert.

Mit anderen Worten: Während das, was wir oben über Personalisierung und globale Bedeutung gesagt haben, für sich allein steht, ist die symbolische Natur von Objekten und die aus ihnen entstehende Semiotik eine universelle Realität, die als Prototypen unserer kollektiven, menschlichen Erfahrung relevant kulturübergreifend ist.

Das zeigt, wie wichtig unsere Träume sind. Der Traumzustand ist ein seltenes psychologisches Milieu im Gehirn, das von der Wissenschaft nur unzureichend untersucht wird. Wie die oben erwähnte Studie zeigt, beginnt die Wissenschaft den Wert einer aktiveren Verfolgung des riesigen Schatzes an Informationen, der uns in der Schlafforschung zur Verfügung steht, zu erkennen.

Der Schlaf ist der unterbewusste Spielplatz des menschlichen Geistes, der unsere täglichen Herausforderungen ausarbeitet, uns für unsere Misserfolge verspottet und uns zu unseren Siegen anspornt. Aber im luziden Zustand haben Träume das Potenzial, noch so viel mehr zu tun.

Zum Abschluss dieses Kapitels werden wir über ein esoterisches Element des luziden Träumens sprechen - das Hervorbringen von Objekten, die Art, wie diese Zauberkraft funktioniert und was diese Praxis bewirken kann. Ich habe diesen Punkt schon früher in diesem Kapitel in der Teddybär/Kissen-Diskussion über Personalisierung angedeutet.

Objekte erscheinen lassen (Erstellen/Manifestieren)

Als Kind träumte ich immer wieder, dass mich ein kleiner Mann in einem Umhang durch die mit scharlachroten Teppichen ausgelegten Gänge eines alten Hotels verfolgte. Ich erinnere mich an die getäfelten

Wände, die Wandleuchter und das offene Fenster am Ende des Flurs.

Ich erinnere mich auch daran, dass ich mir bewusst war, dass ich träumte, als ich älter wurde, aber der Traum trat viele Jahre lang ohne dieses Wissen auf. Ich glaube, er geht auf einen Vorfall in der Kindheit zurück, bei dem ich von jemandes Rasen verjagt wurde (wie die meisten Kinder irgendwann einmal). Dieser Nachbar war ein kleiner, älterer Mann mit einer wilden Abneigung gegen Kinder. Er trug keinen Umhang, aber in meinem Traum habe ich ihn neu erfunden. Ich hielt ihn für einen Bösewicht - einen wütenden, unverhältnismäßig beleidigten Vampir. Das Futter des Umhangs war rot.

Ich habe das Hotel erschaffen, um den wütenden kleinen Mann dazu zu bringen, mich auf ewig zu jagen. Ja, als Kind hatte ich Spaß an Missgeschicken im Namen der Gerechtigkeit, solange Sie nur im Theater meiner Träume und nicht in der Realität stattfanden. Der Traum endete jedoch immer, bevor ich das Ende des Flurs erreichte und durch das offene Fenster stieg.

Ich weiß nicht mehr, in welcher Schulklasse ich war oder wie alt ich war, aber eines Nachts gelang es mir, das Ende des Flurs zu erreichen und mich aus dem Fenster zu stürzen, weil ich instinktiv wusste, dass ich dann von dem rüpelhaften Möchtegern-Dracula wegfliegen würde. Ohne zu wissen, wie ich es getan hatte, löste ich die Kindheitserinnerung an Angst, Ablehnung aus unbekannten Gründen und das Gefühl, dass mir Gewalt drohte, aus meinem Gedächtnis. Und wie ist das passiert? Ich war doch noch ein Kind.

Es gibt keinen Verstand auf der Welt, der einen größeren Hang zur Fantasie hat, als der Verstand eines Kindes. Kinder wissen auch, dass der Glaube das Herzstück allen Erfolgs ist. Sie träumen, erschaffen und manifestieren, ohne dass ihnen die Hemmungen des Erwachsenseins dabei in die Quere kommen.

Und wenn Sie bereit sind, Objekte in Ihrem Traum zu erschaffen/zu manifestieren, ist die wichtigste Fähigkeit, die Sie erlernen können, die, daran zu glauben, dass Sie dazu auch wirklich in der Lage sind! Die Wahrheit ist schließlich, dass Sie bereits wissen, was zu tun ist. Ich wusste schon als Kind, wie meine Träume ausgehen sollten, und dass was sie mir empfahlen habe ich oft auch getan. Die Träume habe ich instinktiv und völlig ohne nachzugrübeln als Kind immer verstanden.

Aber Sie sind wahrscheinlich neu in der Kunst des luziden Träumens, deswegen erkläre ich Ihnen an dieser Stelle eine andere Methode, die Sie lernen können, um den Glauben in Ihrem Geist zu etablieren, dass das Hervorbringen von Objekten - oder sogar das Erschaffen von Menschen in Ihrem Traum (obwohl diese schwieriger zu kreieren sind) – für Sie im Rahmen des Möglichen liegt.

Es ist nun mal so: Sie haben lediglich vergessen, wozu Sie wirklich in der Lage sind, weil Sie in der „rationalen" Welt der Erwachsenen leben. In dieser sind Träume, das Fantasieren und Erschaffen von Dingen allzu oft mit Missbilligung zu betrachten, wenn Ihnen nicht gar offene Feindseligkeit entgegengebracht wird.

Dreistufige Methode

Es gibt eine dreistufige Methode, die es Ihnen ermöglicht, Ihre Manifestationen zu planen, während Sie noch wach sind.

Der erste Schritt besteht darin, sich eingehend auf das Objekt zu konzentrieren, das Sie in Ihrem Traum hervorbringen/erschaffen/manifestieren wollen. Wählen Sie etwas, das für Sie von Bedeutung ist - zum Beispiel Ihre Lieblingskaffeetasse. In zweiten Schritt denken Sie dann darüber nach, wie Sie sich mit dem Gegenstand in der Hand fühlen. Sind Sie glücklich, wenn Sie ihn aus dem Regal nehmen und damit zur Kaffeemaschine gehen? Oder werfen Sie den Kaffeebecher aus Frust nach jemandem oder etwas in Ihrer Umgebung?

Schritt 3: Wählen Sie ein Umfeld, in dem Sie der Kaffeetasse im Traum begegnen, und stellen Sie sich vor, womit Sie gerade beschäftigt sein könnten. Führen Sie diese Aktivität mehrmals an einem an dem Tag durch, an dem Sie eine luzide Traumsitzung planen. Denken Sie daran, daran, dass Sie wirklich fest „glauben" müssen, dass sich Ihr Objekt manifestieren wird. Sie müssen auf die Macht Ihres Geistes und Ihre luziden Traumfähigkeiten vertrauen.

Vergessen Sie bei Ihrer Traumplanung nicht, zuerst einen Gegenstand zu manifestieren, und dann viele weitere, wobei der Gegenstand, den Sie für Ihre erste Manifestation wählen, eine ganz besondere Bedeutung für Sie persönlich haben sollte. Es ist in Ordnung, wenn Sie dabei ein universelles Symbol tiefer spiritueller Bedeutung wählen. Das kann funktionieren. Aber eine persönliche Verbindung zu einem bestimmten Gegenstand ist eine viel effektivere Methode, vor allem, wenn Sie den Glauben an Ihren Erfolg immer im Hinterkopf behalten.

In unserem nächsten Kapitel werden wir über Charaktere und die Begegnungen mit ihnen im luziden Traumraum sprechen.

Aktivitäten zum luziden Träumen

Kapitel 8: Traumgestalten und Begegnungen

Die Personen, denen wir in unseren Träumen begegnen, können aus allen möglichen Gründen erscheinen. Sie können völlig fremd sein. Sie können gutartig sein. Sie können bösartig sein. Sie können Heilige, Sünder, aus den 1950er-Jahren oder unserer Fantasie entsprungen sein. Manchmal sprechen sie mit uns. Manchmal sind sie schweigsam. Manchmal sind sie schlecht gelaunte kleine Männer, die uns in schwarzen Umhängen mit rotem Saum verfolgen.

Wir wenden uns in diesem Teil des Buches von der Welt der Gegenstände ab und der Welt der fühlenden Wesen zu. Einige Figuren in Ihrem Traum sind vielleicht nicht menschlich. Diese könnten stattdessen Katzen, Hunde, Esel oder Schuppentiere sein. Vielleicht sprechen diese mit Ihnen in einer Sprache, die Sie verstehen – vielleicht aber auch nicht.

Die Gesetze der materiellen Welt gelten in der Traumwelt nicht. Das macht natürlich einen großen Teil ihres Reizes aus. Nichts ist reizvoller, als einen kurzen, informativen, heilsamen oder sogar wilden, chaotischen Ausweg aus der Realität zu genießen.

Lassen Sie uns also mehr über Traumfiguren und die Begegnungen, die wir mit ihnen haben, herausfinden. Wie wir uns an ihnen erfreuen können und schließlich, wie wir sie manifestieren/erschaffen oder modifizieren können, um einer persönlichen Vorliebe gerecht zu werden oder einem bestimmten Plan förderlich zu sein (wie ich es mit Herrn „Geh mir aus dem Weg" getan habe).

Wer sind diese Leute?

Stephen LaBerge und Paul Tholey waren einige der ersten Forscher, die die Bedeutung der Figuren, denen wir in luziden Träumen begegnen, und die Interaktion der Träumer mit ihnen erforschten.

Tholey schrieb diesen Figuren zwar keine spirituelle Bedeutung zu, stellte aber fest, dass sie im Kopf des Träumers als eigenständige Wesen zu existieren schienen, die unabhängig vom Träumer dachten und handelten, zumindest auf der bewussten Ebene.

Jahrtausendelang wurden Traumfiguren von Träumern als real angesehen. Sie galten als Überbringer von Geheimnissen und Vorhersagen, die den Träumenden vor Gefahren oder sogar vor freudigen Ereignissen oder bevorstehenden Veränderungen im Leben warnen sollten. Für die Menschen der Vergangenheit galten diese Figuren als Besucher aus der Geisterwelt.

Freud hingegen vertrat die Ansicht, dass es sich bei diesen Figuren um abtrünnige Persönlichkeitskomplexe handelt, die vom Unterbewusstsein des Träumers oder von untergeordneten Persönlichkeiten des Träumers erzeugt werden. Manche glauben, dass diese untergeordneten Persönlichkeiten (in einem Modell, das dem Multiplen-Persönlichkeits-Syndrom ähnelt) die Wahrnehmung und sogar die körperlichen Bewegungen des Träumers in bestimmten Fällen kontrollieren können - zum Beispiel in Trance-Zuständen, in denen die Person, bei der diese Charaktere in bestimmten Momenten auftauchen, den Bezug zur Realität verliert.

Es gibt jedoch keine wissenschaftlichen Beweise, die Freuds Behauptung untermauern. Für die Zwecke dieses Buches können Sie den Traumfiguren also jede beliebige Bedeutung zuschreiben, ganz, wie Sie möchten. Es gibt hier keine richtige Antwort, da es keinen empirischen Rahmen gibt.

Mit den Personen/Charakteren, denen wir in unseren Träumen begegnen, kann man interagieren, wenn man das gerne möchte. Träumer können ihnen Fragen stellen, um mehr über sie zu erfahren - zum Beispiel darüber, was sie in ihren Träumen zu suchen haben!

Eine Möglichkeit, sich die Figuren in luziden Träumen vorzustellen, besteht darin, sich bewusst zu machen, dass sie höchstwahrscheinlich aus demselben Teil unserer Psyche kommen wie dem, mit dem wir im inneren Dialog in unserem Kopf sprechen. Wir reden manchmal alle mit uns selbst – es ist sogar etwas, das ich ständig tue. Aber wir sprechen mit einem Teil von uns selbst, der in einem ganz eigenen Bereich unseres Bewusstseins lebt. Das sind also wir selbst – aber irgendwie auch nicht. Unser innerer Resonanzboden ist der Ort, an dem wir das Leben an uns abprallen lassen. Wir können schimpfen, wir können Fragen stellen, und wir können mit diesem Teil von uns kämpfen. Aber dieser innere Resonanzboden unterscheidet sich nicht sehr von den Gefühlen der Figuren, denen wir in unseren luziden Träumen begegnen.

Tholey und LaBerge entdeckten jedoch, dass die Traumfiguren uns oft überraschen, wenn wir sie in unseren luziden Träumen befragen. In einem Fall verlangte ein Teilnehmer an einer der von den beiden Forschern durchgeführten Studien, dass eine Traumfigur ein Wort sage, das der Träumer nicht kannte. Die Traumfigur antwortete mit dem Wort „orlog" – das dem Träumer tatsächlich unbekannt war. Interessanterweise bedeutet dieses niederländische Wort „Streit" oder „Zank", und der Kontext des luziden Traums, in dem die Figur auftauchte, entsprach genau einem solchen angespannten zwischenmenschlichen Klima.

Tholey und LaBerge beobachteten auch, dass einige Traumfiguren Informationen präsentierten, die dem Träumenden entweder fremd waren oder ihm zuwider waren. Auch dies deutet auf eine Realität hin, die über Freuds Theorie der Unterpersönlichkeiten des Träumers hinausgeht, die vom Unterbewusstsein erzeugt werden und dann im Traum erscheinen können. Wie können wir uns dieses Phänomen also plausibel erklären?

Es könnte sein (aber es ist keineswegs bewiesen, dass diese Zeichen eine Manifestation des Jung'schen kollektiven Unbewussten sind), dass uns diese Gemütszustände mit Tausenden von Jahren menschlicher Geschichte und mit unzähligen Milliarden Menschen verbinden, die vor uns auf der Erde gelebt haben oder die sie jetzt mit uns teilen. Sind luzide Träume möglicherweise Mittel, um mit dem großen Ozean des Wissens zu kommunizieren, der knapp unterhalb der Bewusstseinsebene gespeichert ist?

Vielleicht, aber in Ermangelung zuverlässiger empirischer Beweise bleibt uns das Phänomen der Traumzeichen ein Rätsel.

Wie lernen wir diese geheimnisvollen „Wesen" also kennen? Wie können wir mit ihnen interagieren? Lassen Sie es uns einmal genauer erforschen!

Handelt es sich um Fremde, einen neuen oder einen alten Freund (oder einen weniger angenehmen Besucher)?

Das Erscheinen oder die Manifestation/Erschaffung einer Traumfigur bietet uns immer eine Gelegenheit. Ob wohlwollend oder böswillig, in jeder Traumfigur, der Sie in Ihren luziden Träumen begegnen, verbirgt sich eine Chance, ob Sie die Figur nun erkennen oder nicht.

Keine Figur, der Sie in einem luziden Traum begegnen, ist wirklich ein Fremder. Sie werden Haustiere wiedererkennen, die schon lange von dieser Erde verschwunden sind, und andere verstorbene Wesenheiten oder deren spirituelle Vertreter. Und wenn Sie dazu bereit sind, können Sie diese Personen in luziden Träumen manifestieren. Nehmen wir einmal an, Sie haben bereits von einem Haustier, einem Familienmitglied oder einem Freund geträumt, den Sie einst kannten. In diesem Fall ist eine Manifestation eine Idee, die Ihnen helfen kann, einen Schlussstrich zu ziehen, denn das Risiko eines Fehlens eines solchen Schlussstrichs wird durch frühere Traumerfahrungen angedeutet.

Und wenn sich Personen, die Sie persönlich kennen, in einem luziden Traum manifestieren, gehen Sie von einer viel konkreteren Vorstellung aus. Es gibt keine Zweideutigkeit in Bezug auf die Person oder das geliebte Haustier, die Sie zu manifestieren versuchen. Die Fähigkeit, dies zu tun, ist ein Sprungbrett zu den Manifestationen von Personen, die Sie nicht kennen. Aber hier müssen Sie mit Ihren Gedanken vorsichtig sein. Das Gehirn hat eine komplexe Struktur, und die Verbindungen, die es zwischen unseren Gedanken und den damit verbundenen Bildern herstellt, können leicht in unseren luziden Träumen erscheinen. Das ist nicht immer eine gute Sache.

Also müssen wir, bevor wir fortfahren können, kurz die Gefahr von unfreundlichen oder gar feindseligen Traumfiguren untersuchen.

Ein Artikel von Tadas Stumbrys von der Universität Vilnius – „Innere Geister: Begegnungen mit bedrohlichen Traumfiguren in luziden Träumen" - stellt eine interessante Theorie darüber auf, wie man am besten mit diesen weniger idealen Besuchern umgeht.

In einer deutschen Studie berichteten Klarträumer, dass etwa ein Fünftel der Traumfiguren, denen sie begegneten, feindselig waren. In diesen Interaktionen vermieden die luziden Träumer den Konflikt, indem sie kämpften, flüchteten oder den Konflikt lösten, um den es ging. (Die letzte Strategie wurde mit größerer Wahrscheinlichkeit von Menschen angewandt, die schon mehr Erfahrungen mit dem luziden Träumen hatten).

Stumbrys kommt zu dem Schluss, dass andere Ergebnisse der Studie darauf hindeuten, dass sich feindselige oder bedrohliche Charaktere in Klarträumen aufgrund eines Konflikts im Leben des Träumers oder einer psychischen Erkrankung - oder beidem - manifestieren können. Er schlägt vor, dass die Wahl der Konfliktlösung bei der Begegnung mit diesen unglücklichen Gesellen darin besteht, Frieden zu schließen, indem man den Konflikt auflöst. In dieser Lösung liegt, so Stumbrys, auch die geistige auf der psychologischen Ebene.

Stumbrys Kommentar folgt zwar der Freud'schen Interpretation von Traumfiguren (psychische Projektionen aus dem Unterbewusstsein des Träumers), doch man sollte trotzdem bedenken, dass noch niemand Traumfiguren wissenschaftlich erklären konnte. Es ist außerdem auch hilfreich zu wissen, dass die Heilung alter Wunden für uns alle in den luziden Träumen möglich ist. Wenn wir uns im Traum mit uns selbst und unserem Leben auseinandersetzen, machen wir eine höchst individuelle Erfahrung, die niemand sonst auf der Welt machen kann, außer durch das Medium des Geschichtenerzählens. Aber selbst dann kann die Erfahrung nicht wirklich mit anderen Menschen geteilt werden.

In der Luzidität betreten wir die tiefste Ebene unseres Selbst, und das ist Ansporn genug, um uns die Gnade der Heilung zu gewähren. Es geht bei dieser Kunstform um mehr als um persönlichen Gewinn durch Selbstverbesserung. Luzides Träumen ist eine großartige Gelegenheit, die blutenden Wunden in uns zu finden und sie zu versengen. Wenn wir bluten, sind wir schwach. Ganzheitlichkeit und ein Gefühl des Wohlbefindens in der eigenen Haut sind Ziele, für die wir unsere philosophischen Differenzen beseitigen können. Und am Ende dienen die Informationen dazu, uns über besser Angewohnheiten zu informieren, sie zu bereichern und sie auf eine solide Grundlage zu stellen, die wir alle leicht verstehen können.

Feindseligkeit ist eine Herausforderung, die von den blutenden Wunden der Menschen ausgeht, die sich selbst noch weiter heilen müssen. Und so treffen wir in der feindseligen oder bedrohlichen Traumfigur einen Mitreisenden. Dieser Reisende hat Ihnen etwas zu sagen. Die Feindseligkeit und das Gefühl der Bedrohung sollen Ihre Aufmerksamkeit erregen, damit Sie sich mit der Botschaft auseinandersetzen können und auf Sie zu reagieren vermögen.

Was auch immer das für Sie bedeutet, Sie müssen als Teil Ihrer Vorbereitung auf luzide Träume ehrlich mit sich selbst sein. Was schlummert in Ihrem Hinterkopf? Sie wissen, dass Ihnen die Sorgen, die sich da verstecken, keine Miete zahlen und keinen Nutzen bringen, also ist es an der Zeit, Sie einzupacken und wegzuschicken.

Auch hier gilt, was ich oben über die Manifestation von Traumfiguren gesagt habe, die uns bekannte Menschen repräsentieren: Die beste Art, mit feindlichen Figuren umzugehen, ist die Wahl zwischen Kampf und Flucht. Anfängern fällt die Flucht weitaus leichter, da sie vielleicht noch nicht genug Vertrauen in die (unbegrenzte) Beweglichkeit und Stärke ihres Traumkörpers entwickelt haben.) Sie sind der Träumer, und der Körper gehört Ihnen, aber um sich aus einer feindlichen Begegnung herauszukämpfen, brauchen Sie höchstes Vertrauen. Dies ist eine sehr viel fortgeschrittenere Technik, die es erfordert, sich gleichzeitig auf die Empfindungen der Muskeln, die den Kampf antreiben, und den feindseligen Charakter hinter der ganzen Angelegenheit zu konzentrieren.

Sie wollen meinen Rat für solche Situationen wissen? Erst fliegen, dann kämpfen.

Was die Lösung des Konflikts betrifft, so hoffe ich, dass jeder, der hier mitliest, eines Tages zu dieser Ebene des luziden Träumens gelangt, denn ich glaube, dass in der Konfliktlösung auf dieser höchst persönlichen Ebene eine unausgesprochene Hoffnung liegt. Wenn Freud recht hatte, könnte die Begegnung mit unseren innerpersönlichen Feindseligkeiten nur ein Weg zu einem weniger stressigen, konfliktreichen Leben sein, was eine weitläufige Wirkung haben kann. Aber wenn Sie bei Ihren Erkundungen feststellen, dass die Theorie zutrifft, dann sollten Sie davon profitieren. Wie wir bereits besprochen haben, können Sie die Regeln für das Leben Ihrer Traumwelt selbst gestalten.

An diesem Punkt sind wir bereit, wieder von den Jung'schen Archetypen zu sprechen, aber insbesondere von den Archetypen, die die menschliche Natur leiten. Wenn Sie Ihre Reise zum luziden Träumen beginnen, werden Sie diese Archetypen wiedererkennen. Sie sind mit Menschen verbunden, die Sie kennen, im Leben wir im Tod. Diese manifestieren sich auch als unsere mysteriösen, unbekannten Besucher. Diese 12 Jung'schen Archetypen sind entscheidend für das Verständnis von Personen in unseren Träumen und deren versteckter symbolischer Bedeutung. Sie stellen den Speicher des kulturellen Wissens aller Generationen der Menschheit dar. Sie sind uns allen bekannt und fungieren als Ikonen unserer unbewussten Selbsterkenntnis.

12 Archetypen

Herrscher

Der Herrscher liebt nur die Macht. Sie ist der Grund für das Leben des Herrschers, und die Macht wird durch die bevorzugte Methode des Herrschers aufrechterhalten - Kontrolle. Das klingt zwar ausgesprochen unattraktiv, aber das Ziel des Herrschers ist edel - Wohlstand für die Familie und die Gemeinschaft! Herrscher sind verantwortungsbewusst und kümmern sich gut um ihre Angelegenheiten.

Aber die Herrscher sind auch sehr streng, ganz nach dem Motto: „Wenn du willst, dass etwas richtig gemacht wird, musst du es selbst tun." Da ist es also wieder, das zwanghafte Kontrollproblem.

Herrscher sind Könige und Königinnen (nicht nur Monarchen, sondern auch in sozialen Strukturen und Organisationen), Chefs, Anführer, selbsternannte Aristokraten, eingebildete Politiker, Manager, Vorbilder und Bürohengste. Herrscher treten in allen gesellschaftlichen Schichten auf, und Sie erkennen einen, wenn Sie ihn sehen, sofort.

Achten Sie auf den vernichtenden Blick und die gerümpfte Nase - der Herrscher ist in der Regel ein Egomane. Andererseits kann der Herrscher Ihnen aber auch in einem Traum erscheinen, um Ihnen etwas über Ihren eigenen Sinn für Verantwortung und Kontrolle beizubringen.

Schöpfer/Künstler

Der Schöpfer/Künstler weiß mit Sicherheit, dass man alles, was man träumen kann, auch tun kann. Ihre größte Hoffnung ist es, dass ihre Kreationen Bestand haben und das Publikum finden, für das sie geschaffen wurden.

Schöpfer/Visionäre verabscheuen Mittelmäßigkeit leidenschaftlich und dulden sie bei sich selbst auch nicht. Auf der Suche nach Perfektion kann sich der Schöpfer/Visionär selbst im Weg stehen. Achten Sie auf das Ungepflegte, das Abgelenkte und das Vage.

Diese Figur des Schöpfers erscheint Ihnen als Abgesandter Ihres eigenen kreativen Potenzials, aber manchmal auch, um ein Problem in Ihrem Leben zu lösen, das Ihnen Sorgen bereitet.

Der Weise

Die Lebensaufgabe des Weisen ist es, die Wahrheit herauszufinden, denn nichts anderes wird die Menschheit befreien. Mit seiner Besessenheit, empirische Beweise für die Realität erbringen zu wollen, ist der Weise sehr analytisch veranlagt und lehnt die Vorstellung, dass irgendjemand ihm jemals etwas vormachen könnte, kategorisch ab.

Der Weise, der lebt, um die Dinge um sich herum auf der tiefsten Ebene zu verstehen, kann sich in Details verzetteln, die das Handeln blockieren.

Halten Sie Ausschau nach einem Kind, einem älteren Menschen, Ihrem Mathelehrer aus der weiterführenden Schule oder sogar einem Medizinmann. In welcher Form der Weise auch immer Ihnen im luziden Traum erscheint, ist egal – Sie werden in jedem Fall etwas Wertvolles lernen.

Der Unschuldige

Während das Wort „Unschuld" in der heutigen Gesellschaft eine zutiefst romantische Konnotation hat, hat es in Bezug auf diesen Archetyp eine emotional abgestumpfte, selbstgefällige, gar unterwürfige Qualität.

Der Unschuldige ist ein träger, schicksalsakzeptierender Mensch, der das Leben über seine formbare Gestalt fließen lässt. Obwohl dessen Optimismus für ihn spricht und sein Glaube an das Universum recht nobel ist, sind Unschuldige in erster Linie langweilig und bieten kein Spiel mit emotionaler Anspannung, das die angenehme Monotonie ihrer emotionalen Landschaft durchbrechen könnte.

Der Unschuldige kann Ihnen in der Gestalt eines jeden Menschen erscheinen, vor allem aber in der Gestalt derer, die Sie kennen. Viele von uns kennen den Unschuldigen und den völligen Mangel an Interesse an der Realität, den dieser Archetyp verkörpert. Der Unschuldige kann Ihr älterer Bruder sein, der immer noch im Keller Ihrer Eltern lebt und noch nicht weiß, dass das Haus verkauft wurde. Es könnte eine Freundin sein, die von ihren Kreditkarten lebt und das Doppelte ihres Monatsgehalts ausgibt. Dieser Archetyp zeichnet sich durch sein fehlendes Rückgrat und seine Langweiligkeit aus.

Die Entdeckerin

Die kühne und furchtlose Entdeckerin ist auf ihrer Reise durch die Welt zu allem bereit. Indem sie die physische Welt erforscht, findet die Entdeckerin zu sich selbst und zur Wahrheit darüber, wer sie ist.

Die Entdeckerin ist auf Authentizität und Erfüllung erpicht und scheut die Konformität. Die Anforderungen der höflichen Gesellschaft sind wie Fesseln für diesen Archetyp, denn die Entdeckerin ist das Paradebeispiel der unbegrenzten Freiheit.

Die Entdeckerin kommt bei Ihnen zu Besuch, um Sie an Ihre wertvollsten Träume zu erinnern, Ihre Wunschliste und Ihre Hoffnungen für die Zukunft Ihrer Kinder zu erfüllen. Die Entdeckerin kann eine vertraute Person aus Ihrer Vergangenheit oder eine Bekannte aus der Gegenwart sein, eine Freundin oder eine Verwandte. Die Entdeckerin kann eine Fremde sein, die uns die Freude an der Freiheit zeigt, indem sie unsere Authentizität in der Unmittelbarkeit und Dringlichkeit des Lebens entdeckt.

Der Rebell

Schnallen Sie sich besser an, wenn Sie Besuch von dem Rebellen bekommen. Dieser Archetyp ist bereit zum Aufruhr. Der Rebell hat nie eine Regel gehört, die er nicht brechen wollte, oder eine Revolution, an der er nicht teilhaben wollte.

Und verärgern Sie ihn nicht, sonst könnte er Ihnen mit dieser Einstellung eine kleine Traumfigur der Feindschaft gewähren. Der Rebell hat keine Zeit für Trivialitäten. Es gibt schließlich Machtgefüge, die man stürzen und neu errichten muss.

Der Besuch dieses wilden Mannes bedeutet, dass es an der Zeit ist, die Dinge zu ändern. Auf einer gewissen Ebene wissen Sie das, aber der Besuch dieses knallharten Mannes in einem luziden Traum bedeutet, dass Sie sich bis in Ihr Innerstes sicher sind. Der Rebell ruft Sie zu mutigen, lebensverändernden Handlungen auf.

Der Held

Der Held ist ein unbändiger Krieger, der für den Triumph der Tapferkeit über die Feigheit steht. Wie der Schwarze Ritter im Film „Monty Pythons Ritter der Kokosnuss" ist der Verlust eines Beins nur eine Fleischwunde für den hartnäckigen, konfliktfreudigen Archetypus des Helden.

Der Held lebt dafür, sein Können und seine Furchtlosigkeit unter Beweis zu stellen, denn er glaubt, dass die Welt auf diese Weise gerettet werden kann. Es ist leicht zu erkennen, warum der Held ein so wichtiger Archetyp ist, der sowohl eine Art von Narzissmus auf niedrigem Niveau als auch den edlen Wunsch, für das Richtige zu kämpfen, verkörpert. In Wahrheit streben die meisten von uns nach irgendeiner Art von Heldentum.

Der Held erscheint in Ihrem luziden Traum, um Sie voranzutreiben, wenn Sie das Gefühl haben, zu nicht in der Lage zu sein oder nicht über die nötigen Mittel zu verfügen, um sich selbst zu helfen - und um Sie daran zu erinnern, das Beste aus sich herauszuholen. Der Held kauft Ihnen etwaige Ausreden nicht ab.

So sehr der Held auch wie Monty Pythons sturer schwarzer Ritter sein mag, er ist gleichzeitig auch der stereotypische laute, unausstehliche Drill-Sergeant in voller Militärausrüstung. Wenn Sie aufgeben wollen, wird der Held Ihnen ins Gesicht springen und Sie zwingen, Ihre Ziele ernsthafter zu verfolgen.

Die Magierin

Sie haben vielleicht bemerkt, dass die 12 Archetypen wie alle Menschen sind - eine Mischung aus gut und schlecht, positiv und negativ. Das gilt natürlich auch für die Magierin. Die Magierin glaubt an ihre eigene Macht, und ihr Vermögen, die Realität um sich herum selbst zu gestalten, und ihr Ziel ist es, ihre schönsten Träume zu verwirklichen, ohne dabei in Schwierigkeiten zu geraten.

Hier findet die Manipulation - die wahre Magie - statt. Die Verführungskraft der Magierin kann falsch eingesetzt werden, genau wie unsere eigene. Dennoch ist sie auch eine Heilerin und Schamanin, die Balsam nach Gilead bringt, wenn es sonst keinen zu holen gibt.

Der Besuch der Magierin kann vieles bedeuten, unter anderem, dass Sie Heilung brauchen - sei es physisch oder psychisch. Das Erscheinen dieser Figur ist selten ein zufälliger Besuch. Achten Sie genau auf den Inhalt von Träumen, in denen dieser Archetyp vorkommt.

Der Narr

Wenn man eines über die Narren sagen kann, dann, dass sie Sie zum Lachen bringen können. Der Narr ist für jeden Spaß zu haben – ohne Ausnahmen! Der Narr ist ein verrückter und vielseitiger Bonvivant, der den Ernst des Lebens nicht ausstehen kann. Für ihn ist das ganze Leben nur ein alberner, verrückter Witz.

Der Narr macht zwar jede Menge Spaß, aber er kann auch ein bisschen nerven und im Weg sein, wenn es darum geht, etwas Wichtiges zu erledigen. Der Narr ist jugendlich und hat keine Vorstellung davon, wie die Zeit vergeht. Das Leben muss gelebt werden, und der Narr hält sich nicht damit auf, lästige Rechnungen zu bezahlen oder nach einer durchzechten Nacht in der Stadt zur langweiligen Arbeit zu erscheinen.

Wenn der Narr auftaucht, bedeutet das entweder, dass Sie mehr Spaß in Ihr Leben bringen müssen oder dass Sie sich etwas bei dem Spaß in Ihrem Leben zurückhalten sollten. In jedem Fall kann der Besucher jede beliebige Gestalt annehmen, die Sie oder er selbst wählen, also entscheiden Sie sich ganz bewusst für das Aussehen des Narren, falls Sie Angst vor Clowns haben. Aber nur, damit Sie es wissen – es besteht die Gefahr, dass der Narr diese Angst ausnutzt und sich bewusst für das Aussehen eines Clowns entscheidet. Nicht alle Witze sind lustig.

Jedermann/Jedefrau

Dieser Archetyp will – mehr als alles andere auf der Welt – so sein wie alle anderen. Mit einem starken Glauben an die grundsätzliche Gleichheit aller Menschen begnügt sich der Jedermann/die Jedefrau mit Mittelmäßigkeit, weil Mittelmäßigkeit das ist, womit sich die meisten Menschen zufriedengeben.

Dieser Archetyp ist ein Brückenbilder, der sich auf jede erdenkliche Weise mit anderen in der Gemeinschaft verbindet. Mit dem Wunsch nach Zugehörigkeit lebt Jedermann/Jedefrau in der Angst, herauszustechen oder nicht einbezogen zu werden.

Aber der Jedermann/die Jedefrau ist einfühlsam und bodenständig und verkörpert vertraute Werte, an denen die meisten von uns festhalten, ob wir sie nun ausleben oder nicht. Und das ist es, was der Jedermann/die Jedefrau Ihnen anzeigt. Geben Sie sich mit dem Zweitbesten zufrieden, weil Sie dazugehören wollen? Verlassen Sie einen Job, mit dem Sie unzufrieden sind, nur deshalb nicht, weil Sie mit allen dort befreundet sind? Oder fühlen Sie sich entfremdet, weil Sie zu viel erreicht haben? Jedermann/Jedefrau könnte in Ihrem Klartraum erscheinen, um Sie daran zu erinnern, woher Sie kommen, wie Jennifer Lopez, die den Menschen verkündet, dass sie noch immer „Jenny from the Block" sei, oder vielleicht, um Sie daran zu erinnern, wo Sie eigentlich in Ihrem Leben sein sollten.

Der Liebhaber

Es stimmt zwar, dass Liebe die Welt in Schwung bringt, aber ein Übermaß an Liebe kann dazu führen, dass der Liebende in den Bedürfnissen seiner Mitmenschen verschwindet, so intensiv ist die Liebe, die diesem Archetyp innewohnt.

Liebe ist alles, was man in der Welt der Geliebten braucht. Sie ist das, was das Herz der Verliebten zum Schlagen bringt, und sie ist deren einzige Daseinsberechtigung. Das Hauptbedürfnis dieses Archetyps ist die Liebe, mit ihrer Intimität und Sinnlichkeit.

Wenn der Liebhaber zu Ihnen kommt, sei es in Form von Jake Gyllenhaal oder gar eines Brückentrolls, ist die Botschaft klar. Die Liebe kommt, die Liebe geht - es ist entweder die ersehnte oder die beklagte Liebe. Die extravagante Wärme dieses Archetyps kommt zu Ihnen, um der Liebe Platz zu machen, um die Wunden der Liebe zu heilen oder um Ihre unausgesprochene Sehnsucht nach Liebe zu klären.

Die Pflegerin

Der Archetyp der Pflegerin repräsentiert die Mission, die bedingungslose Liebe und den Dienst. Wie der Liebhaber ist auch die Pflegerin anfällig dafür, in den Bedürfnissen anderer zu verschwinden. Für die Pflegerin kommt dies jedoch einem bewussten Martyrium gleich. Dies spricht für den Egoismus der Pflegerin und die unausgewogene Natur derjenigen, die die Bedürfnisse anderer stillen, ohne sich selbst ausreichend zu versorgen.

Die meisten von uns helfen anderen gerne, aber wir schaden unserer Fähigkeit, weiterzumachen, wenn wir uns selbst vernachlässigen, um diese Hilfe zu leisten. Die Pflegerin kann Sie in Ihren Träumen besuchen, um diese Realität mit Ihnen zu teilen, wenn Sie überfordert sind. Die Pflegerin kann aber auch auftauchen, um Sie zu ermutigen, die freiwillige Arbeit zu tun, die Sie immer wieder aufschieben.

Traumcharaktere können von luziden Träumern durchaus hervorgebracht, manifestiert oder erschaffen werden. Und wen Sie in Ihren luziden Träumen treffen, steht zunehmend mehr unter Ihrer Kontrolle, abhängig davon, welche Fähigkeiten Sie im Traumraum entwickeln. Das gilt besonders für Traumfiguren. Wenn Sie sich Ihrer eigenen Rolle im Traum und Ihrer Motivationen in einem bestimmten Traumszenario sicher sind, werden Sie viel eher von den Lektionen profitieren, die Ihnen die Traumfiguren - insbesondere die Jung'schen Archetypen - erteilen wollen.

Kapitel 9: Die Erkundung Ihrer Traumlandschaft und die 10 wichtigsten Dinge, die Sie dort tun sollten

Jetzt, wo wir Objekte und Traumfiguren erforscht haben, ist es an der Zeit, langsamer zu werden und die Landschaft um uns herum zu betrachten. Die Traumszenerie, die Sie umgibt, kann *alles Mögliche* darstellen*!* Es kann das sein, was Ihr Verstand unterbewusst zusammenstellt, oder das, was Sie selbst bewusst wählen. Es kann auch eine Kombination dessen sein, was diese beiden Faktoren gemeinsam erschaffen, wenn sie in Ihrem Bewusstseinszustand des luziden Träumens zusammenstoßen.

In diesem Kapitel sprechen wir darüber, wo Sie sich in der Traumwelt aufhalten, und über die 10 wichtigsten Dinge, die Sie tun können, während Sie sich dort aufhalten.

Die Beschaffenheit des Landes

Ihre Traumlandschaft kann aus allem Möglichen bestehen, von Ihrem örtlichen Einkaufszentrum über Ihre alte Schule bis hin zu einem Bauernfeld oder einem Berggipfel. Was Sie in einer Traumlandschaft sehen, hängt von Ihnen und Ihrem Unterbewusstsein ab. Selbst wenn Sie luzide träumen, gibt es Elemente aller Träume, die spontan wieder auftreten können. Der Vorteil des luziden Träumens ist natürlich, dass Sie die Details nach Belieben ändern können, je nach Ihren persönlichen Präferenzen.

Vieles hängt von Ihrer Gemütsverfassung ab, wenn Sie den luziden Traum beginnen. Was ist Ihnen in diesem Moment wichtig? Was geht Ihnen durch den Kopf, und was sind Ihre aktuellen Lebensziele? Was macht Ihnen Freude? Fühlen Sie sich optimistisch?

Ihre Gemütsverfassung und die Art und Weise, wie Sie mit diesem Faktor umgehen, ist eines der wichtigsten Elemente des luziden Träumens, wenn Sie von Ihren Träumen profitieren wollen. Ganz gleich, ob der Nutzen, den Sie suchen, in psychologischer Heilung, anhaltendem Frieden und Ausgeglichenheit oder in Bezug auf Ihren Lebensstand besteht, Ihre Geisteshaltung ist wichtig für Ihren Erfolg in der Kunst des luziden Träumens. Und Sie haben viel damit zu tun.

Wir alle neigen dazu, unsere Stimmungen auf die äußeren Umstände zu schieben, aber in Wahrheit entscheiden wir selbst, wie wir auf die Launen des Lebens reagieren. Wir können das Opfer spielen oder uns auf die Transzendenz der Überraschungen und Fallstricke des Lebens konzentrieren. Luzides Träumen kann Ihnen dabei helfen, diese Dinge zu akzeptieren. Es lehrt Sie, dass der Traum selbst das ist, was zählt. Genauso wie Ihr Geisteszustand bestimmt, wie Sie aus schwierigen Lebensumständen herauskommen, werden luzide Träume und Ihre Fähigkeit, deren Architekt zu sein, Sie dabei unterstützen, den Weg nach vorne zu finden. Es ist nur ein weiteres Werkzeug im Leben und ein mächtiges, das Ihnen helfen kann zu verstehen, wie Sie diesen angenehmen Zustand erreichen können, in dem Sie wissen, dass Sie derjenige sind, auf den Sie gewartet haben.

In der Welt des luziden Träumens ist die Landschaft Ihr Spielplatz. Sie sind der Architekt der Szenerie (Traumlandschaft), der Regisseur - und der Casting-Direktor!

Lassen Sie uns einige der physischen Elemente betrachten, denen Sie in der Traumlandschaft begegnen können, damit Sie erkennen, welche Bedeutung sie für Sie persönlich haben - und welche Bedeutung ihnen üblicherweise zugeschrieben wird.

Berge

Berge haben eine lange und glorreiche Geschichte in der Symbolik, sowohl im Wachzustand als auch im Schlaf. Martin Luther King Jr. berief sich auf die biblische Erzählung von Moses, der von einem Berggipfel auf das gelobte Land hinunterschaute, dem es aber nie erlaubt wurde, das Land zu betreten, in das er sein Volk geführt hatte. In der letzten Rede seines Lebens, die er in Memphis in der Nacht vor seiner Ermordung durch James Earl Ray auf dem Balkon des Loraine Hotels hielt, sagte er: „Vielleicht komme ich nicht mit euch dorthin." Und kurz darauf wurde ihm der Weg in das gelobte Land auf Erden tatsächlich verwehrt. Aber seine Arbeit hat zu enormen Veränderungen geführt. Und während das Gelobte Land für viele heute noch eine Fata Morgana ist, hat Dr. Kings visionäre Arbeit die Agenda der Freiheit weiter in Reichweite gerückt.

Und Gipfel-Visionen und die luftigen Ziele, die sie repräsentieren sind bedeutsam, wenn sie Teil einer Traumlandschaft sind. Sie scheinen Sie daran erinnern zu wollen, an dem festzuhalten, was Ihnen wichtig ist. Versuchen Sie zum Beispiel, einen figurativen Everest zu erklimmen, um anderen Menschen etwas zu beweisen? Wenn das der Fall ist, nützt Ihnen diese Anstrengung nichts. Sie untergräbt Sie und zehrt an Ihrer Energie, nur um andere zu beschwichtigen und deren Meinung über den Erfolg Ihrer Bemühungen zu beeinflussen.

Kalte, verschneite Berge sind ein Anzeichen für prosperierende, friedliche Zeiten und für einen bevorstehenden Wandel. Viele Menschen fürchten den Wandel, aber Eis und Schnee auf Ihrer Berglandschaft bedeuten, dass man den Wandel annehmen und nicht fürchten oder sich dagegen wehren sollte. Der Wandel ist unvermeidlich und so verlässlich wie die Berge selbst.

Wenn Sie in den Bergen auf eine weite, mit Wildblumen übersäte Almwiese stoßen, sehnt sich ein Teil von Ihnen danach, frei zu sein. Wenn Sie in einem Job, einer Beziehung oder einer anderen Lebenssituation verharren, die sich zwar sicher, aber nicht befriedigend anfühlt, stehen Sie an der Schwelle zur Veränderung, halten aber an der Bequemlichkeit fest. Ein Traum von weiten Räumen in einer Berglandschaft fordert Sie auf, nicht länger zu zögern und sich aufzurichten.

Hügel

Runde Hügel in einer grünen Landschaft sind ein Symbol für das Unbekannte. Was sich in ihren verborgenen Schluchten und Tälern verbirgt, ist für manche Träumer eine Quelle der Angst, denn das Unbekannte wird in der wachen Realität und im Traum oft gefürchtet. Schluchten und dergleichen sind dunkle Orte, die wir lieber nicht erkunden wollen.

Im Falle der sanften Hügel ist es wichtig, wie man mit der Landschaft umgeht. Betrachten Sie sie mit Staunen und stellen Sie sich all die wunderbaren Geheimnisse vor, die Sie in ihren Schluchten finden werden? Oder machen Sie einen großen Bogen um sie herum, um die versteckten Spalten zu meiden, die zwischen den geheimnisvollen Hügeln lauern?

Das Unbekannte ist für die meisten von uns beängstigend. Es liegt jenseits unserer menschlichen Fähigkeit, die Dinge in unserem Leben zu kontrollieren, und deshalb ziehen wir es vor, Ungewissheit und Mehrdeutigkeit um jeden Preis zu vermeiden. Wir ziehen Sicherheit der Erkundung vor, und das lässt unsere Seele erheblich verkümmern. Wenn in Ihrem Traum Hügel auftauchen, fragen Sie sich, ob diese Hügel Sie nicht vielleicht zu einem Schritt in der Entwicklung Ihrer Seele auffordern, und dann erkunden Sie sie voller Freude!

Ein Garten

Ein Garten kann eine Frage, eine Antwort oder ein Symbol sein. Ein Garten, der in Ihrer Traumlandschaft erscheint, stellt Ihnen die Frage, ob es nicht an der Zeit ist, einen Teil von Ihnen zu pflegen, den Sie vernachlässigt haben. So wie der schöne Garten erschienen ist, so könnte auch dieser Teil von Ihnen erscheinen, wenn er richtig bewässert wird.

Der Garten erscheint auch als eine Antwort auf unsere tiefsten, ungelösten Fragen. Diese Fragen drehen sich in der Regel um ontologische Themen (die sich auf das Wesen unseres Wesens beziehen), wie Sexualität, Berufung (die sich aus unseren Gaben und Fähigkeiten ergibt) oder Zielsetzung (wozu unsere Gaben und Fähigkeiten geschaffen wurden). Im Garten kann es auch um die Frage von Ehe und Kindern gehen. Wenn Sie sich nicht sicher sind, kann der Garten eine bestimmte Antwort geben. Diese Antwort kann die Form einer Blume, einer Pflanze oder eines Vogels annehmen. Vielleicht werden Sie von einer Traumfigur angesprochen, die Ihnen eine andere Frage stellt. Aber der Garten stellt Ihnen die Fragen, die Sie beantworten müssen, um der zu sein, zu dem Sie geboren wurden.

Der Garten ist auch eine semiotische Botschaft. Ein gesunder, lebendiger Garten steht für Wohlstand und Wachstum, aber er ist auch ein Symbol für die Vergänglichkeit aller lebenden Dinge. Die Botschaft ist immer auf das Individuum in einem luziden Traum zugeschnitten und unterliegt der Manipulation des Träumers, aber die universelle Semiotik ist Wachstum, neues Leben und die ewigen Zyklen des Lebens.

Ein sterbender Garten kann entweder das Offensichtliche symbolisieren - Tod, Verfall, Fäulnis - oder, wie der gesunde Garten, den ewigen Kreislauf des Lebens. Der sterbende oder tote Garten kann auch ein Zeichen für Veränderung sein - zum Guten oder zum Schlechten.

Nachdem Sie nun einen Vorgeschmack auf einige klassische Landschaftsmerkmale bekommen haben, die in unseren Träumen - ob eindeutig oder nicht - symbolisch auftauchen, lassen Sie uns nun zu Ihrer Rolle als Architekt Ihrer Traumlandschaft übergehen.

Das Entstehen der Traumlandschaft

In den Kapiteln über Traumobjekte und Traumcharaktere haben wir erörtert, dass es beim Erschaffen/Manifestieren um Ihre Fähigkeit geht, sich auf den Wunsch zu konzentrieren, das gewünschte Traumelement zu erzeugen, ohne sich dabei so stark zu konzentrieren, dass die Qualität Ihres luziden Traums beeinträchtigt wird oder zusammenbricht.

Zu diesem Zweck ist es hilfreich, sich nicht mehr vorzunehmen, als man schaffen kann. Wie wir in den eben erwähnten Kapiteln besprochen haben, bauen Sie Ihre Manifestationsfähigkeiten auf, indem Sie sich an das halten, was Sie am besten kennen und am leichtesten visualisieren können.

Wir bauen auf dem auf, mit dem wir bereits vertraut sind. Die Informationen, die wir über ein bestimmtes Thema in unserem Kopf haben, bilden die Grundlage für alle unsere Fähigkeiten. So ist es auch mit dem luziden Träumen. Das, was Sie kennen, ist Ihre kognitive Verbindung zum Ziel - die Verbesserung Ihrer Fähigkeit, Ihre Traumfunktionen hervorzubringen und die Handlung zu steuern.

Bei Traumlandschaften können Sie damit beginnen, bestimmte Elemente zu verändern (beispielsweise Bäume, Pflanzen, Tiere usw. hinzufügen). Wenn Sie nicht bereit sind für das Unbekannte, das die sanften Hügel darstellen, könnten Sie sie zum Beispiel durch einen Fluss ersetzen, der sich durch ein Tal schlängelt. Oder Sie ziehen es vor, auf einer Bergwiese zu sein und zu den nahe gelegenen Bergen zu fliegen. Der Trick besteht jedoch darin, sich auf ein Element zu konzentrieren, von dem Sie das Gefühl haben, dass Sie es effektiv und fast mühelos in die Traumlandschaft einbauen können.

Wenn Sie von einem realen Beispiel ausgehen, müssen Ihre Traumlandschaften nicht unbedingt einen realen Sinn ergeben. Sie könnten zum Beispiel beschließen, dass Sie das Römische Kolosseum auf Ihrer Bergwiese haben möchten. Das ist Ihr Traum. Sie bauen es mit den verfügbaren Fähigkeiten nach Ihren persönlichen Vorstellungen auf.

Auch ein Garten in Ihrer Welt - möglicherweise Ihr eigener - könnte Ihre Traumlandschaft sein. Wenn der Garten Ihnen gehört und Sie der Gärtner sind, dann ist dies die ideale Traumlandschaft, denn Sie haben alles darin selbst mit Sorgfalt gepflanzt. In der Traumlandschaft kennen Sie den Garten so gut, dass Sie ihn nach Belieben verändern können. Ein Garten, den Sie sehr gut kennen, ist auch ein großartiger Schauplatz, um Objekte und sogar Charaktere zu erschaffen. Wenn Sie den Garten kennen, wissen Sie auch, wo die Dinge erscheinen sollen. Sie verfügen also bereits über eine hervorragende Vorlage für Ihre Bemühungen um das luzide Träumen.

Lieblingsorte, Urlaubserinnerungen, Eindrücke, die Ihnen Ihr ganzes Leben lang im Gedächtnis geblieben sind - all das ist hervorragendes Material, um mit der Manifestation von Traumlandschaften zu beginnen. Das, was Ihnen am vertrautesten ist, was Sie bis ins kleinste Detail kennen, ist ein hervorragendes Werkzeug für das luzide Träumen. Es schafft einen Außenposten Ihrer Welt im Land der Träume und eine solide Grundlage für den Aufbau Ihrer kreativen Fähigkeiten in dieser Umgebung.

Lassen Sie uns nun über die *10 besten Dinge* sprechen, die Sie in Ihrer Traumwelt *tun können*. Diese sind nur für den Anfang gedacht, denn ich bin sicher, dass Sie viele eigene Ideen haben. Wir werden über einige interessante Möglichkeiten sprechen, mit denen Sie die Traumwelt erleben können!

1. Sprechen Sie mit Helden, Schurken und toten Verwandten

Luzides Träumen ist keine Séance, aber wir alle haben unsere persönlichen Helden, und wer würde sie nicht gerne treffen? Und was die Schurken angeht: Würden Sie nicht auch gerne einige der widerwärtigsten Gestalten der Welt, ob in der Vergangenheit oder in der Gegenwart, verkleiden und sie möglicherweise in die Luft jagen oder ihnen 16 Tonnen schwere Gewichte auf den Kopf fallen lassen? Sie haben schließlich alle Freiheiten in Ihrem Traum! Und wenn Sie das Bedürfnis nach solchen Dingen verspüren, ist der Raum für luzide Träume wenigstens ein sicherer Ort, um diesem Gefühl Luft zu machen.

Was die verstorbenen Verwandten angeht, so hat Ihre Großmutter vielleicht diese Welt verlassen, ohne ihr weltberühmtes Rezept für Götterspeise weiterzugeben. Einem geübten Träumer gelingt es vielleicht nicht, das gesamte Rezept zu erhalten, aber würde ein Besuch im Traum nicht einige Erinnerungen auslösen, die helfen könnten? Und selbst wenn nicht, würden Sie sich doch trotzdem gerne mit Ihrer Oma unterhalten, oder nicht?

Wenn Sie vorhaben, einen Helden zu erschaffen (von Elisabeth I. bis hin zu Winnetou), bereiten Sie sich darauf vor, indem Sie sich erneut mit dem Aussehen der Persönlichkeit vertraut machen, die Sie erschaffen wollen. Wenn Ihr Held ein Zeitgenosse ist, können Sie sich Videos von im Ansehen, um Ihn sich besser ins Gedächtnis zu rufen. Je besser Sie sich vorbereiten, desto größer ist die Wahrscheinlichkeit, dass Sie Erfolg haben.

2. Machen Sie einen internationalen Ausflug

Wollten Sie schon immer einmal die Chinesische Mauer sehen? Die Pyramiden? All dies und mehr ist in der luziden Traumwelt möglich. Wie ich bereits oben in Bezug auf die Helden gesagt habe, sollten Sie so viel Detailwissen wie möglich über den Ort sammeln, den Sie im Traum besuchen möchten. Videos, Fotos und Artikel, die das Ambiente des Reiseziels beschreiben, bieten Ihrem Verstand zahlreiche Anhaltspunkte, so dass er die Punkte verbinden kann, um es zu manifestieren.

Der Weg dorthin ist viel einfacher (und billiger) als im wirklichen Leben. Das Spinning (siehe Kapitel 5) ist ein ausgezeichnetes Mittel, um dies zu erreichen. Die Durchführung einer körperlichen Bewegung bringt die Schaltkreise Ihres luziden Träumens wieder in Gang. Wenn Sie vorhaben, am Ziel Ihrer Wahl zu erscheinen, könnte die Spinning-Methode Sie dorthin bringen.

3. Zeitreisen

Vielleicht möchten Sie Ihr Lieblingsweihnachtsfest aus der Kindheit oder eine andere schöne Erinnerung aus Ihrem Leben noch einmal erleben. Aber Zeitreisen in luziden Träumen müssen nicht immer auf unsere persönlichen Erfahrungen aus der Vergangenheit beschränkt bleiben.

Die Projektion des eigenen Traum-Ichs in eine nicht existierende Realität ist ein Vorgang, der ein umfangreiches Wissen über die betreffende Epoche voraussetzt, das die Ereignisse dieser Zeit, die übliche Kleidung und Sprache, die Bräuche, die Architektur und die sozialen Strukturen umfasst. Zeitreisen sind komplex, und auch wenn Sie sie erleben können, handelt es sich noch immer um eine fortgeschrittene Aktivität, die recht anspruchsvoll ist. Liebhaber bestimmter historischer Epochen werden mit diesem Abenteuer am meisten Glück haben. Aber es ist auch für diejenigen möglich, die bereit sind, die Zeit für die

Vorbereitung aufzuwenden. Dazu gehört auch, dass Sie sich vor dem Schlafengehen Bilder aus der Epoche ansehen, die Sie besuchen möchten, um sich auf die Träume der Nacht vorzubereiten.

4. Üben Sie, Ihre Träume zu durchleben

Sie haben große Pläne für die Zukunft, aber Sie sind noch nicht am Ziel. Vielleicht ist es Ihr Ziel, einen Oscar zu gewinnen oder am Abend Ihres großen Wahlsieges eine Dankesrede zu halten. Oder Sie wollen Flamenco tanzen lernen oder vor Publikum singen.

Träumen ist kostenlos, und was auch immer Ihre Ambitionen sind, das luzide Träumen bietet eine großartige Möglichkeit, Ihre Lebensziele und Träume auszuprobieren. Wenn Sie sich für das luzide Träumen interessieren, dann haben Sie sicher auch schon Erfahrung mit Visualisierung. Und das luzide Träumen ist wie eine Ergänzung zur Visualisierung, bei der Sie die Handlung steuern. Die Form des Bewusstseins, die beim luziden Träumen eingesetzt wird, ist nicht dieselbe. Auch das Wachbewusstsein ist nicht so tiefgreifend wie das luzide Träumen.

Die Tiefe des luziden Träumens liegt in seiner Nähe zur Arbeit des Unterbewusstseins. Das luzide Träumen ermöglicht Ihnen einen dynamischen Kontakt mit Ihrem Unterbewusstsein. Im luziden Traum beziehen Sie es aktiv in die Arbeit ein, die Sie in Ihrem Leben leisten. Die Visualisierung wird zu einer unmittelbaren, wenn auch zeitlich begrenzten und illusorischen Realität.

5. Eine Fertigkeit lernen

Auch hier verblasst die Visualisierung im Vergleich zum luziden Traumzustand des Bewusstseins. Zur Vorbereitung auf diese Aktivität gehört es, mehr über die Fähigkeit zu erfahren, die Sie erlernen möchten.

Vielleicht waren Sie Ihr ganzes Leben lang von der Stickerei oder dem Tischlerhandwerk fasziniert und haben es nie gelernt. Warum fangen Sie nicht im luziden Traum, die Anfänge einer dieser Fähigkeiten zu lernen? Die Visualisierung besagt, dass Sie das, was Sie sich vorstellen können, schließlich auch tun können. Das luzide Träumen ist eine noch tiefere Erfahrung mit dem gleichen Ziel.

Nehmen wir an, Sie möchten Flöte spielen lernen. Bereiten Sie sich vor, indem Sie Menschen zuhören, die dieses Instrument meisterhaft spielen und sich dabei intensiv auf den spezifischen Klang der Flöte konzentrieren. Stellen Sie sich dann vor, wie Sie sie spielen, indem Sie die Bewegungen der Hände und den Einsatz des Atems nachahmen. Machen

Sie sich klar, welche Form Ihr Mund haben muss, um Ihren Atem durch das Instrument zu leiten.

In luziden Träumen ist der Klang noch intensiver. Vor allem Musik nimmt eine fast materielle Präsenz an. Wenn Sie also träumen, entdecken Sie eine neue Fähigkeit und übertragen Sie die Erfahrung in die wache Welt. Wenn Sie luzide träumen können, können Sie es auch tun.

6. Mit Tieren sprechen

Heutzutage ist es vielen Menschen, die gerne Haustiere hätten, aufgrund der lästigen Vorschriften von Vermietern und Wohnungseigentümergemeinschaften nicht erlaubt, diese zu halten. Aber in Ihren luziden Träumen gibt es diese Charaktere nicht (es sei denn, Sie selbst wollen, das sie erscheinen), also sind Sie nicht an Regeln gebunden.

Und die Tiere, die Sie sich in Ihren Träumen ausdenken, können alle möglichen sein, von einem flauschigen Kätzchen über einen Chihuahua bis hin zu einem sibirischen Tiger (seien Sie da aber lieber vorsichtig).

Haustiere, mit denen Sie viel Erfahrung haben, sind für diesen Zweck am besten geeignet. Sie kennen diese Tiere, und ihr Verhalten ist relativ vorhersehbar. Beginnen Sie also mit einem Haustier, das Sie kennen - vielleicht eines aus Ihrer Kindheit oder ein geliebtes Haustier, das über die Regenbogenbrücke gegangen ist. Was würde Ihr Haustier zu Ihnen sagen? Was würden Sie zu Ihrem Haustier sagen?

Vielleicht wollen Sie einfach nur mit einem verstorbenen Haustier schmusen, das Sie vermissen. Vielleicht möchten Sie aber auch mit wilden Vögeln oder Kojoten interagieren. Was auch immer Sie sich wünschen, manifestieren Sie das Tier oder die Tiere, um die es Ihnen geht, indem Sie sich in der Vorbereitung auf ihre spezifischen Eigenschaften konzentrieren und dann beschließen, sie in Ihren luziden Träumen willkommen zu heißen.

7. Probleme lösen

Der luzide Traumraum bietet Ihnen viele Möglichkeiten, Lösungen für Probleme in Ihrem Wachleben zu finden. Hier ist es wichtig, dass Sie die richtigen Fragen stellen.

Wenn Sie sich zum Beispiel in einem Job oder einer Beziehung befinden, die Sie unglücklich macht oder in der Sie sich festgefahren fühlen, ist der Traumraum der Ort, an dem Sie die Freiheit haben, dem Problem auf den Grund zu gehen.

Vielleicht möchten Sie sogar eine Version von sich selbst manifestieren, mit der Sie im Traum sprechen. Oft verdrängen wir unangenehme Gedanken, während wir durch das tägliche Leben eilen. Das kann uns teuer zu stehen kommen, da das Problem dadurch nicht verschwindet, sondern lediglich unterdrückt wird. Es gärt in der Dunkelheit unseres Geistes, wo es sich in unangenehme Gedanken und daraus resultierende Verhaltensweisen verwandeln kann, die die Sache noch schlimmer machen.

Um dem Problem auf den Grund zu gehen, müssen Sie sich selbst gegenüber ehrlich sein, was Ihre Hoffnungen, Träume und Bedürfnisse angeht. Manchmal ist der einzige Ort, an dem man diese Art von Arbeit tun kann, die urteilsfreie Traumwelt. Hier können andere nicht über uns urteilen. Wir können nicht einmal über uns selbst urteilen. Wir können nur die Informationen suchen, die als Katalysator für unser positives Handeln dienen können.

8. Intim werden

Sex im Zeitalter von COVID19 ist nicht zum Lachen, vor allem nicht für Singles. Aber COVID19 ist nicht die einzige übertragbare Krankheit, auf die wir uns in der wachen Welt vorbereiten müssen. Der luzide Traumraum bietet uns also einen sicheren Ort, um unsere Sexualität auszuleben.

Vielleicht stellen Sie Ihre Sexualität in Frage. Gibt es einen besseren Ort, um sie aktiv in Frage zu stellen, als einen luziden Traum? Und weil Sie das Sagen haben, können Sie sich den Partner, den Sie sich wünschen, bis ins kleinste Detail selbst erschaffen.

Die Tatsache, dass Sie die Kontrolle haben, bedeutet, dass Sie die Aktion steuern. Die Manifestation Ihres Traumpartners wird sich nicht von selbst einstellen. Das ist Ihr Job! Gehen Sie mit Zuversicht auf diese Aufgabe zu, in dem Wissen, dass Sie der Architekt und der Regisseur sind, und genießen Sie Sex ohne Schuldgefühle, ohne Angst, sich eine Geschlechtskrankheit zuzuziehen oder schwanger zu werden! Und denken Sie daran, dass es im luziden Traumraum immer „nur um Spaß" geht.

9. Frei Wandern nach Belieben

Diese Art der Freiheit in luziden Träumen wird für Frauen besonders attraktiv sein. Für Frauen ist es oft schwierig, dorthin zu gehen, wo sie hinwollen, ohne Angst vor lauernden Räubern zu haben. Aus diesem Grund können Frauen in ihren luziden Träumen eine Nachtlandschaft schätzen lernen.

Stellen Sie sich vor, Sie könnten nach Belieben umherwandern, das Mondlicht und die Geräusche der Nacht genießen, ohne Angst vor einem Angriff zu haben? Je mehr Details Sie sich vor dem Einschlafen vorstellen können, desto größer wird das Gebiet, das Sie durchwandern können, sein. Und während Sie es durchlaufen, ist es Ihnen möglich, eine andere Welt entdecken. Diese mag in der Wachwelt nicht existieren, aber macht sie das nicht noch schöner? Sie gehört ganz Ihnen. Die Nacht gehört Ihnen, und Sie können Sie furchtlos erkunden.

10. Essen Sie!

Haben Lebensmittelallergien Ihre kulinarischen Genüsse eingeschränkt? Vielleicht meiden Sie bestimmte Lebensmittel wegen einer Zöliakie oder Laktoseintoleranz. Oder vielleicht haben Sie das Gefühl, dass Sie Lebensmittel nicht einmal ansehen können, ohne zuzunehmen.

Luzides Träumen ist die Antwort! Früher habe ich Schalentiere geliebt, aber in den letzten Jahren habe ich eine Allergie gegen sie entwickelt, die bei mir Nesselsucht auslöst. Es gibt nichts Schlimmeres für einen Schalentierliebhaber! Aber in meinen luziden Träumen kann ich so viel Langusten-Etouffee und Hummer mit geschmolzener Butter essen, wie mein Schalentierliebhaberherz begehrt.

Stellen Sie sich nicht nur vor, wie Sie Ihre Lieblingsspeisen zubereiten. Erinnern Sie sich auch besonders an den Duft, den Geschmack, die Präsentation und die Textur des Essens in Ihrem Mund. Erinnern Sie sich an so viele Details wie möglich, bevor Sie in den Zustand des luziden Traums eintreten. Genießen Sie dann das, was Sie sich zum Essen ausgedacht haben, ohne Schuldgefühle und vor allem ohne allergische Reaktionen!

Ich hoffe, dass Sie mit den Informationen in diesem Kapitel in der Lage sein werden, Ihre eigenen luziden Traumlandschaften und -aktivitäten zu erschaffen. Als Nächstes werden wir das Reich der Geistführer erkunden und mehr darüber erfahren, wie Sie mit ihnen arbeiten können, um eine tiefere Ebene des luziden Träumens zu erleben.

Kapitel 10: Die Interaktion mit Ihren Geistführern

Bevor wir in dieses Thema eintauchen, halte ich es für wichtig, dass die Leser zumindest ein wenig über das Konzept der Geistführer wissen und darüber, woher dieses Konzept ursprünglich stammt.

Obwohl sie in westlichen Spiritualistenkreisen bekannt sind, stammen die Geistführer nicht aus dem „Westen", wie wir ihn uns heute vorstellen. Geistführer sind aus den vorkolonialen afrikanischen Gesellschaften und deren Spiritualität hervorgegangen.

Die vorkoloniale afrikanische Spiritualität ist kaum erforscht, aber wie bei den meisten indigenen spirituellen Praktiken liegt der Schwerpunkt auf den Geistern der Vorfahren, die das Leben der Lebenden leiten. Im Gegensatz zum kulturell angeeigneten Modell der Geistführer im Westen gibt es keine Anrufung von Engeln oder Erzengeln (die mit dem Christentum, dem Standard-Glaubenssystem des Kolonialismus, kamen). Der Ball liegt eindeutig bei den Vorfahren, die als eine Art „lebende Tote" unter den wirklich Lebenden angesehen werden. Das mag wie die Zombie-Apokalypse klingen, aber die Vorstellung, dass die Toten unter uns leben, hat damit nichts zu tun. Vielmehr sind die Geistführer eine aktive Präsenz, die diejenigen, mit denen sie kommunizieren, unterstützt und anleitet, um bessere Ergebnisse in ihrem Leben zu erzielen, indem sie die uralte Weisheit, die sie in sich tragen, anwenden.

Im Jahr 2016 veröffentlichten Dalian und Verona Spence-Adofo die Ergebnisse von sieben Jahren Forschung über afrikanische Spiritualität unter dem Titel „Ancestral Voices: Spirit is Eternal." Sie entdeckten bei ihrer Forschung, dass es sechs wichtige Säulen der afrikanischen Spiritualität gibt, nämlich:

- Das Dasein und sein Wesen
- Gleichgewicht und Ordnung im Leben
- Dass alles miteinander verbunden und voneinander abhängig ist
- Die Hierarchie von Geist und Gesellschaft
- Die Zyklen des Lebens
- Der Geist, der dem Leben innewohnt

In der afrikanischen Spiritualität wird alles, was existiert - ob belebt oder unbelebt - als Teil des Göttlichen betrachtet (Panentheismus - alle Dinge sind in Gott). Die afrikanische Spiritualität hat keinen Kanon (geschriebene heilige Bücher), sondern wird von Generation zu Generation in Form von Liedern, gesprochenen Worten und Lebenslektionen weitergegeben, von Heilpflanzen und spiritueller Heilung bis hin zu Übergangsriten und gemeinschaftlichen Ritualen.

Die Geistführer der afrikanischen Spiritualität leben in Häusern, die wir nicht sehen können, und kommunizieren mit den Lebenden von einem entfernten Ort aus, der parallel zur materiellen Welt existiert. Die Anhänger der drei großen monotheistischen Religionen - das Judentum, das Christentum und der Islam - glauben auch, dass das, was in der materiellen Welt geschieht, sich auf die spirituelle Welt auswirkt und andersrum genauso.

Wie bei anderen indigenen Glaubenssysteme, interagiert der Mensch in erster Linie mit seiner Umwelt in einer symbiotischen Beziehung, die Tradition und Kultur einschließt. Die Gesamtheit des Lebens wird als dasjenige anerkannt, dass diejenigen umfasst, die in die Ahnenwelt auf die andere Seite des Lebens übergegangen sind. Die Ahnen werden als spirituell beauftragte Gottheiten betrachtet (aber vielleicht in einem weniger selbstherrlichen Sinne, als man sich Gottheiten im Westen vorstellt).

Der Voodoo, der im Westen einen eher seltsamen und sensationslüsternen Ruf hat, zeichnet sich durch ein System von Geistführern (Ahnengottheiten) aus, die direkt von der vorkolonialen afrikanischen Spiritualität und ihrem eigenen System von Geistführern abstammen. Im Voodoo beraten die Geistführer die Praktizierenden und greifen in die menschlichen Angelegenheiten ein, wenn sie von einer bestimmten Gemeinschaft angerufen werden. Durch den Synkretismus (Vermischung von Glaubensvorstellungen), der zwischen der afrikanischen Spiritualität und der kolonialistischen Kirche in Afrika stattfand, wurden die Heiligen der katholischen Kirche als „Loa" in das bestehende Pantheon der Ahnengottheiten eingefügt (die in der Regel doppelt vertreten sind). In den Kolonien, in denen es aufgrund des atlantischen Sklavenhandels eine große afrikanische Präsenz gab, wurde dies schließlich zur Praxis des Voodoo. Die synkretistische Einführung der Heiligen in das Glaubenssystem der aus ihrer Heimat verschleppten Afrikaner diente der Besänftigung der Sklavenhalter, die verlangten, dass ihr „Eigentum" christlich werden sollte. Auf diese Weise wurde ein Schleier über die traditionelle afrikanische Spiritualität gelegt, der es ermöglichte, dass sie in den Kolonien, vor allem, aber nicht nur, in Haiti, weiterhin praktiziert wurde.

Diese kurze und zugegebenermaßen dürftige Geschichte der Geistführer ist für ein umfassenderes Verständnis dessen notwendig, was wir in unserer Diskussion über sie, ihre Rolle und ihren Zweck, ansprechen wollen. Dies ist heiliger Boden, auf den wir uns begeben werden, und ich bitte die Leser, ihre gedankliche Herangehensweise bewusst zu überdenken, da diese von großem Respekt vor der Spiritualität dieser Kulturen geprägt sein muss.

Annäherung an Ihre Geistführer

Wenn Sie den heiligen Antonius schon einmal gebeten haben, Ihnen bei der Suche nach etwas Verlorenem zu helfen - z. B. nach Ihren Schlüsseln - dann wissen Sie genau, was Sie tun müssen.

Die Geistführer existieren in der Welt jenseits der materiellen Welt und sind immer präsent. Was sie nicht sind, ist selbstherrlich. Sie respektieren Ihre Grenzen und sind nur dann anwesend, wenn ihre Anwesenheit ausdrücklich gewünscht wird.

Aber denken Sie daran: Geistführer sind nicht wie der Heilige Antonius. Sie sind auch keine Stellvertreter für die Zahnfee oder den mythischen Flaschengeist. Sie sind nicht einmal Teil des Universums, nur weil sie Ihnen einen Groschen unter Ihr Kopfkissen legen können.

Geistführer sollte man nicht wegen Kleinigkeiten anrufen. Sie sind dazu da, Ihre Lebensentscheidungen zu begleiten und zu unterstützen. Behalten Sie eine gewisse Perspektive bei, wenn Sie die Geistführer anrufen, und denken Sie an das, was ich oben gesagt habe: nähern Sie sich ihnen mit Respekt.

Geistführer wären nicht in der Lage, uns zu führen, wenn sie nicht mindestens einmal eine irdische Inkarnation erlebt hätten. Diese Erkenntnis bietet ihnen eine Perspektive auf die materielle Welt, ihre Herausforderungen und ihre Freuden. Mit anderen Worten, die Körperlosen waren nicht immer körperlos. Beim indigenen Modell der Ahnenverbindung und -gemeinschaft geht es zwar sicherlich um die Erfahrung der Inkarnation, die die spirituelle und die materielle Welt miteinander verbindet, aber es geht auch um das Gefühl der Zweideutigkeit, vor allem im Zusammenhang mit den Loa im Voodoo. In unserem Modell, das in seiner Wurzel die afrikanische Spiritualität widerspiegelt, wirken diese beiden Sinne zusammen. Die Ahnen sind bei uns, aber auch diejenigen, die dieselben Leitprinzipien vertreten wie die Loa des Voodoo, von denen viele aus der Zeit vor dem Kolonialismus stammen.

Während die Heiligen des Katholizismus dazu da sind, angebetet zu werden, sind die Loa dazu da, den Lebenden zu dienen. Dabei spielen sie eine wichtige Rolle als Bindeglied zum Schöpfer, dem alles und jeder sowohl im geistigen als auch im materiellen Bereich dient.

Bevor wir dazu übergehen, Ihren Geistführern zu begegnen (es gibt normalerweise mehrere - eine Art spirituelle Truppe), möchte ich einen der wichtigsten Loa im haitianischen Voudon beschreiben, um eine Parallele zu Ihren eigenen Geistführern zu ziehen. (Anm.: Sie mögen einige Geistführer auch instinktiv kennen und sich manchmal an sie aus Ihrem früheren Leben oder sogar auf Grundlage von Fotos erinnern. Aber Sie werden Ihre Geistführer nicht in erster Linie vom Sehen her erkennen. Sie werden sie durch eine viel tiefere Verbindung erkennen.)

Beschreiben wir also eine der bekannteren Loa, Erzulie Freda, die Loa der Liebe. Freda ist Teil der Erzulie-Familie der Loa. Diese Gruppe von Loa wird mit Wasser assoziiert (Fließfähigkeit, Veränderung durch Beständigkeit im Laufe der Zeit).

Freda, die auch als „Lady Erzulie" bekannt ist, kokettiert gerne und enttäuscht Liebhaber und diejenigen, die sie „reitet" (geistige Besessenheit im Trancezustand). Aber Freda wird auch mit der Schmerzensmutter der katholischen Kirche in Verbindung gebracht (das ist die Sache mit dem Synkretismus). Die Schmerzensmutter ist eine Heilige der Kirche, die Maria als die leidende Mutter des gekreuzigten Christi darstellt. Erzulie

Freda ist also nicht nur unerbittliche Verführerin und wankelmütige Liebhaberin. Sie ist auch die Mutter, die leidet.

Die Komplexität dieses Loa zeigt, dass das Loa-System des Voudon viel mehr beinhaltet, als die öffentliche Wahrnehmung ihm zutraut. Das Gleiche kann man über Geistführer im Kontext des Westens und das Streben nach luzidem Träumen sagen - es ist kompliziert!

Deshalb wollte ich Ihnen einen historischen Überblick darüber vermitteln, wie der Spiritualismus im Westen auf andere kulturelle Realitäten zurückgegriffen hat, um eine Lösung für seine scheinbare spirituelle Unruhe zu finden. Da der Glaube an Geistführer eine uralte Grundlage hat (die bis in die Vorgeschichte zurückreicht), sind diese Details wichtiger zu verstehen, als Sie vielleicht denken.

Die Wahrheit ist, dass Sie sich bei der Erforschung von Geistführern und der Frage, wer Ihre eigenen sein könnten, mit einer menschlichen Tradition verbinden, die seit unzähligen Generationen existiert. Sie ist allen indigenen Völkern vor dem Einfall des Kolonialismus gemeinsam und kann dazu dienen, sich daran zu erinnern, dass wir alle vor langer Zeit in irgendeinem Punkt des Kompasses indigen waren. Diese Traditionen sind also ein menschliches Erbe. Aber sie sind ein menschliches Erbe, von dem sich der europäische Westen abgekoppelt hat, indem er andere spirituelle Rahmen gewählt hat, um die der Vorfahren zu verdrängen. An dieser Stelle haben Sie Gelegenheit, wieder an diese uralte Quelle spirituellen Beistands anzuknüpfen - an unsere Vorfahren und die Geister der Weisheit.

Verbinden Sie sich

Ihre Geistführer waren schon immer bei Ihnen. Sie haben Sie immer gekannt und sich um Sie gekümmert.

Diese körperlosen Wesen haben schon einmal menschliches Leben erfahren. Sie sind Ihre Vorfahren, aber sie waren vielleicht nur kurz Vorfahren, denn Geistführer sind ewige Wesen, die viele irdische Inkarnationen durchlaufen.

Wenn wir mit uns selbst sprechen oder über Probleme oder Herausforderungen nachdenken, erinnern wir uns an die vergangenen Lektionen. Wir erinnern uns an die Ratschläge weiser Menschen um uns herum. Wir kehren zu den Lektionen in unserem Geist zurück. Dieser stille Dialog mit der Vergangenheit ist ein Teil dessen, was den Geistführer ausmacht. Die Geistführer kennen nicht nur Sie selbst, sondern auch die Welt auf dieselbe tiefe und detaillierte Art und Weise, sie sehen sie nur viel wirksamer und vollständiger.

Wir hören in unseren Köpfen die Stimmen derer, die uns in unserem Leben in Zeiten der Herausforderung geführt haben. Wir suchen ihren Rat. Bei den Geistführern tun wir das Gleiche. Aber manchmal melden sich die Geistführer, die uns in unserem Leben begleiten, zuerst.

Das ist mir schon zweimal passiert. Beim ersten Mal war ich noch ein Kind. Da ich das ältere von zwei Geschwistern war, wurde mir die private Enklave eines großen Zimmers im Erdgeschoss zugewiesen. Eines Nachts wachte ich auf (zumindest glaubte ich, dass ich aufwachte – wahrscheinlicher ist es, dass ich einen luziden Traum hatte). Ich sah eine Frau in der Tür meines Zimmers stehen, die ein mit abstrakten Blumen bedrucktes Sommerkleid, einen Strohhut und eine Sonnenbrille trug.

Sofort steckte ich meinen Kopf unter die Decke und schrie nach meinen Eltern. Ich hatte keine Ahnung, wer diese geheimnisvolle Frau war und warum sie in der Tür meines Zimmers stand. Sie war der erste Besuch, den ich erleben sollte.

Der zweite Besuch, an den ich mich mit Gewissheit erinnern kann, ist ein Traum, den ich als Erwachsener hatte. Es handelte sich nicht um einen luziden Traum, sondern um einen konventionellen. Ich stand nachts am Straßenrand, und es fuhren Autos vorbei. Plötzlich fuhr ein Citroen-Auto vorbei, vollgepackt mit Frauen. Alle Frauen schienen mittleren Alters zu sein und trugen Kopftücher, von denen lange Zöpfe herabfielen. Als sie vorbeifuhren, riefen sie mir zu und winkten. Sie lächelten und zeigten dabei reichlich Goldzähne. Als ich aufwachte, wusste ich, dass ich meine Geistführer gesehen hatte.

Dies waren die einzigen spontanen Besuche, die ich hatte. Als ich begriff, was Geistführer sind, welche Rolle sie spielen, und dass sie mir helfen sollen, meinen Weg im Leben zu finden, begann ich, mit ihnen zu sprechen. Als Schriftsteller rede ich viel mit mir selbst (das gehört dazu), aber ich weiß, dass ich nicht wirklich mit mir selbst spreche. Die inneren Dialoge der Vergangenheit werden nach außen getragen, um einen Dialog zu schaffen, der in beiden Zeiträumen stattfindet. Durch Geistführer haben wir Zugang zu Weisheit und Wissen, das über die früheren Dialoge mit weisen Menschen, denen wir begegnet sind, hinausgeht. Die Tiefe und Breite dessen, was mit uns geteilt werden kann, wächst erheblich an."

Direkte „Einsätze" von Geistführern sind nicht so ungewöhnlich, wie Sie vielleicht denken. Wenn man nicht an ihre Anwesenheit gewöhnt ist (wie ich es bei meinem Besuch durch die Frau in dem schicken Sommeroutfit war), kann es sein, dass wir Anzeichen für einen Kontaktversuch übersehen. Es gibt mehrere wichtige Anzeichen dafür, dass dies der Fall ist.

- Häufigeres Auftreten von lebhaften luziden Träumen, einschließlich spiritueller Besuche. Die entsprechenden Träume können visuelle Darstellungen Ihrer Geistführer enthalten, wie die beiden, die ich erlebt habe.
- Empfang von symbolischen Gegenständen - weiße Federn, die plötzlich in Ihrer Nähe oder an Ihnen auftauchen, verlorene Schlüssel, die an ungewöhnlichen oder unerwarteten Orten gefunden werden, andere ungewöhnliche Gegenstände, die auftauchen und von denen einige wahrscheinlich eine besondere Bedeutung für Sie haben
- Die Intuition wird geschärft. Wir kommen schneller und sicherer zu Schlussfolgerungen über Situationen und Menschen
- Vielleicht stellen Sie fest, dass Sie auf Musik reagieren, als hätten Sie sie noch nie gehört. Wenn das der Fall ist, suchen Sie sofort den Text im Internet, um zu sehen, ob er Ihnen nicht Antworten auf Fragen gibt, die Ihnen gerade durch den Kopf gehen
- Es kann zum wiederholten Sehen eines Wortes, eines Satzes oder einer Zahl kommen. Dies ist ein verdeckter Versuch, die gestellte Frage mit anderen Mitteln zu beantworten
- Das plötzliche Gefühl, etwas tun zu müssen oder irgendwohin zu gehen, an einen Ort, dem Sie vorher wenig Bedeutung beigemessen haben. Sie fühlen sich vielleicht gezwungen, etwas zu tun, ohne wirklich zu verstehen, warum. Verbringen Sie Zeit mit diesem Gefühl, um es zu testen. Wenn dieses Gefühl anhält, werden Sie angesprochen.

Seien Sie einladend

Geistführer greifen nur dann in die Angelegenheiten ihrer Schützlinge ein, wenn der Besuch ihrer weisen Meinung nach dringend notwendig ist. Als ich das erste Mal besucht wurde, befand ich mich in einer schwierigen Phase meiner Kindheit in der Vorpubertät. Mein Geistführer beruhigte mich, aber am Ende machte er mir Angst. Ich weiß bis heute nicht genau, warum, aber ich glaube, es lag daran, was der Übergang für ein Mädchen bedeutete. Vielleicht hatte sie das Gefühl, dass es ein dringendes Bedürfnis war, denn ich war nicht auf das vorbereitet, was folgte, als der Tag kam und sie Situation plötzlich da war.

Schrecklich! Tut mir leid, dass ich dich angeschrien habe, Sommergeistführer! Ich brauchte dich, und ich wusste es nicht einmal. Und das ist es, was man über die Rolle der Geistführer wissen muss. Sie agieren als ein Teil von Ihnen, der außerhalb Ihrer Reichweite liegt. Es ist das Wissen, das Sie bereits in sich tragen, aber nicht wissen wollen. Sie bringen es an die Oberfläche, damit Sie es als Teil der Lebenskompetenz einsetzen können.

Beim zweiten Mal befand ich mich in einer Phase meines Lebens, in der ich mit einer Familie befreundet war, von der ich nicht wusste, dass sie zutiefst dysfunktional war. Der Vater, den ich damals nur für exzentrisch hielt, war tatsächlich auch selbstherrlich und kontrollierend. Ich begann, die Exzentrik des Mannes eher als Symptom dafür zu sehen, dass in ihm etwas völlig schieflief. Es war unheimlich.

Es wurde immer schlimmer, bis die Frau und die Cousine des Mannes und die ältere Frau, die auch mit im Haus der Familie lebte, durch seine Hand starben. Meine Geistführer waren gekommen, um mich zu warnen. Der Citroen, in dem sie fuhren, war derselbe, den der gewalttätige Ehemann fuhr - er hatte sogar die gleiche Farbe. Ich erspare Ihnen die grausigen Details, aber ich hatte Glück, dass ich die Bekanntschaft mit diesem Mann überlebt habe, und ich danke meinen goldzahnigen, Babuschka-ähnlichen Geistführern dafür.

Sie sehen also, dass die Zeiten ernst sein müssen, damit sich die Geistführer entscheiden, zu Ihnen zu kommen. Aber der Einsatz Ihrerseits kann es Ihnen ermöglichen, die Beziehung zwischen Ihnen zu entwickeln, damit Sie beide davon profitieren können. Ihr Einsatz ist nichts, das jeden Tag in der Welt der Geister geschieht - viel zu viele Geistführer bleiben aufgrund der spirituellen Malaise des heutigen Westens unerfüllt.

Die Einladung an Ihre Geistführer, die Sie aussprechen können, ist dasselbe wie jede Art von Gebet, Affirmation oder Mantra. Die Einladung ist ein starkes Signal an Ihre Geistführer, dass Sie sie und ihre Aufgabe anerkennen. Das gibt ihnen nicht nur ein gutes Gefühl, sondern trägt auch zu der spirituellen Reise bei, der sie sich in ihrem körperlosen Zustand widmen wollen.

Eine effektive und respektvolle Beziehung zu einem Geistführer kann nur aus der gleichen Wurzel wie Freundschaft entstehen: Echte Sympathie, echtes gegenseitiges Interesse und einfache Aufrichtigkeit. Eine unaufrichtige Herangehensweise wird Sie bei einem hochentwickelten Geistführer nicht so schnell weiterbringen. Geistführer können Sie sofort durchschauen.

Wählen Sie den Traumrahmen nur, wenn Sie an dessen Stabilität glauben

Ich hoffe, Sie freuen sich darauf, einen neuen Blick auf die Geistführer zu werfen. In diesem Zusammenhang möchte ich die Leser auch darauf hinweisen, dass das Vertrauen in den Rahmen, in dem Sie sich Ihren Geistführern zu nähern gedenken, der einzige Faktor ist, der den Kontakt aufrechterhalten wird.

Sie sind verpflichtet, an das zu glauben, was Sie zu tun versuchen. Wenn Sie also die Idee einer körperlosen Realität, die parallel zu unserer existiert, nicht akzeptieren können, warum sollten Sie eine Kontaktaufnahme dann überhaupt versuchen? Ich glaube, das ist zweitrangig, wenn man eine Verbindung zu einem Teil von sich selbst sucht, den nur die Geistführer offenbaren können.

Stellen Sie sie als psychobiologische Funktionen dar, wenn Sie sich dabei wohl fühlen. Nichts am luziden Träumen oder der Hoffnung auf eine Begegnungen mit Geistführern hat mit dem Glauben an eine Ideologie zu tun. Die Ideologie ist in der Tat der Feind der Vernunft und erfordert die Aussetzung des kritischen Denkens zugunsten eines Manifests oder eines Bekenntnisses.

Ihr Verstand gehört Ihnen, und wie Sie ihn einsetzen, ist allein Ihre Sache - im Rahmen der Vernunft.

Ob es sich nun um einen Geistführer aus unserer psychobiologischen Vergangenheit oder um ein körperloses Phänomen handelt, Geistführer stehen Ihnen ohne weiteres zur Verfügung. Sie wissen, was Sie nicht wissen, und führen Sie an Orte, an denen Sie noch nie gewesen sind.

Und sicherlich erfordert ein Spaziergang durch das Unterbewusstsein auch einen guten Anführer. Suchen Sie sich einen aus und werden Sie für Ihr Vertrauen belohnt, bereichert und stark verändert.

Kapitel 11: Ein Traum-Heiligtum schaffen

„*Träumen, in welcher Form auch immer, ist lebensverändernd. Wenn Sie also Ihr jetziges Leben unverändert lassen wollen, aber mit einem leichteren Geldfluss und einem Ende aller emotionalen Turbulenzen, dann ist dies nicht der richtige Weg, um dieses Glück zu finden.*"

Manda Scott

Da in diesem Kapitel eine Methode zur Erschaffung eines Traumheiligtums erläutert wird, halte ich es für wichtig, dass wir die Basis der Idee verstehen, nämlich den Schamanismus.

Manda Scott ist eine Schriftstellerin aus dem Vereinigten Königreich, die sich sehr für den Schamanismus und seine Praktiken interessiert. Sie sagt wortgewandt: „Schamanische Praktiken sind die moderne Erweiterung indigener Spiritualitäten." Wie wir bereits im letzten Kapitel erörtert haben, stammen die Geistführer aus genau dieser Quelle.

Und ich glaube, dass Scott hier einen wichtigen Punkt anspricht: dass das Interesse des Westens am Schamanismus nicht unbedingt gleichbedeutend ist mit der tiefen Wahrheit der ursprünglichen Formulierung. Aber wie ich schon sagte, ist es unser aller Erbe, das es zu erforschen gilt. Und das tut Scott mit Bedacht, so wie wir es alle anstreben sollten.

Lassen Sie uns also darüber sprechen, wie man ein Traumheiligtum erschafft, mit ein wenig mehr Textur und unter Hinzufügung von etwas mehr Kontext über Schamanismus und die Rolle des Traumheiligtums in diesem.

Die 3 Säulen des Schamanismus

Schamanisches Träumen ist dreifach und umfasst konventionelles Träumen, luzides Träumen und Wachträume (alltägliches, voll funktionierendes Bewusstsein, im Gegensatz zum Zustand der Luzidität).

Diese Art des Träumens ist Teil einer Drei-Säulen-Struktur in der schamanischen Praxis. Eine der Begleitformen des Träumens ist das *Ritual*. Die rituelle Praxis ist das Konkrete, das fest in der materiellen Welt verankert ist und deren Kernelemente widerspiegelt. Dies verwurzelt den Praktizierenden in der Realität und weiht das Immaterielle mit dem heiligen Material, wie es vom Schöpfer bestimmt wurde.

Das Ritual basiert auf den vier Richtungen, die mit den vier Himmelsrichtungen in Verbindung stehen. Dies verbindet die Himmelsrichtungen mit den vier Elementen: Erde, Luft, Wind und Feuer. Die Sinnlichkeit des schamanischen Rituals findet sich in erkennbarer Weise in allen überlebenden indigenen Kulturen der Welt wieder. Das Materielle wird im Gegenzug durch das Immaterielle geheiligt, in einem ewigen Kreislauf der Erneuerung und Gegenseitigkeit. Ohne das eine gibt es das andere auch in Form dieser Spiritualität nicht. Wie Körper und Geist eins sind, so sind auch das Materielle und das Immaterielle eins. Es gibt keinen Schleier, der über Ihnen liegt, sei er auch noch so dünn. Alles ist nur eins. Und alles ist zugänglich.

Es gibt keine starre Möglichkeit, den Schamanismus rituell auszudrücken. Es ist letztlich die Entscheidung des Praktizierenden, wie in jeder Religion, trotz der eisernen Klaue des Dogmas.

Die letzte Säule des Schamanismus ist natürlich das schamanische Reisen - eine zentrale Praxis im Schamanismus. Mit dem Schlag einer Trommel reist der Praktizierende in die anderen Ebenen der Realität und trifft sich mit Lehrern, Geistführern, Tieren, Vorfahren und den ansässigen Gottheiten.

Das Wesen des Schamanismus besteht darin, sich mit allem zu vereinen, was in den verborgenen Bereichen der Realität existiert, so wie es auch im Buddhismus der Fall ist. Eins zu werden bedeutet, die gefährliche Dualität zu überwinden, die die westliche Gesellschaft plagt, indem sie Mensch und Tier und alle anderen in wertbestimmende Kategorien trennt. Das ist zerstörerisch, und der Schamanismus versucht, die Menschen zu heilen. Aber im Westen gibt es so etwas wie Schamanen nicht mehr.

Scott behauptet, dass es so etwas wie einen Schamanen in der westlichen Gesellschaft nicht gibt. Der Grund dafür ist in den beiden zentralen Lehren des Schamanismus zu finden:

- **Wie man lebt**

Der Schamanismus ist der Achtsamkeit und der Notwendigkeit verpflichtet, in jedem Augenblick mit Wertschätzung und Dankbarkeit zu leben. Das ist die richtige Art zu leben, und nicht dem Geld hinterherzujagen und allem, was dieses Streben mit sich bringt. Vielmehr geht es im Leben darum, Teil von allem zu sein, was einen integralen Beitrag leistet.

- **Wie man stirbt**

Demut ist hier das Schlüsselwort und ersetzt die westliche Besessenheit von Belohnung und Bestrafung. Die ist schon gratis mit dabei! Indem wir in der Welt leben, und akzeptieren, wie sie sich in jedem Moment unseres Lebens darstellt, begrüßen wir den Übergang zum Tod mit Ausgeglichenheit.

Wenn wir uns dem Tod mit Demut nähern, verlieren wir unser romantisches Verlangen nach Sicherheit und Gewissheit. Es gibt keine Belohnung und keine Strafe. Der Tod ist einfach da, und wir haben keine Ahnung, was das bedeutet. All unsere Bemühungen, ihn als Bedrohung für die Lebenden darzustellen, sind vergeblich. All die posthumen Paradiese, die uns versprochen werden, spiegeln unsere eigenen sehnsüchtigen Wünsche wider und nicht irgendeine bekannte Wahrheit. Demut ist das, was uns um unser eigenes, gieriges und unzufriedenes Ego herumführt.

Diese beiden Gründe sind das Haupthindernis für die Existenz von Schamanen in einem westlichen Kontext. Diese Gesellschaft lässt Qualitäten wie Demut oder Achtsamkeit einfach nicht zu. Unser Verstand ist zu sehr auf Kampf und Eroberung, Binäres und Individuation ausgerichtet, um beides gleichzeitig zuzulassen, und daher nicht besonders schamanenfreundlich.

Die Rolle des Traumheiligtums

Ein Traumheiligtum ist ein sicherer Ort, an dem sich Ihre Geistführer, Ihre Vorfahren und andere Traumgestalten, die in luziden Träumen erscheinen, um mit Ihnen zu arbeiten, treffen können. Dies ist ein langfristiges Bauprojekt, das Geduld und Konzentration erfordert.

Wie Sie bereits über die Manifestation von Objekten, Personen und Traumlandschaften gelesen haben, können Sie nun einen sicheren Ort für Ihre Traumberater schaffen, an dem sie sich mit Ihnen über dringende und wichtige Angelegenheiten in Ihrem spirituellen, psychologischen und wachenden Leben im Allgemeinen unterhalten können.

Wichtig ist dabei, dass der Raum stabil ist und sich sicher anfühlt. Die erfolgreiche Manifestation des Raumes ist im Detail verwurzelt. Je mehr Details Sie sich über das Traumheiligtum vorstellen, desto stabiler und unantastbarer wird es sein. Sie können es sich sogar als eine Art Zitadelle Ihrer Seele vorstellen. Um eine bessere Vorstellung vom Zweck eines Traumheiligtums zu bekommen, wollen wir uns der Definition des Wortes selbst zuwenden, um unsere Beziehung zu ihm in Bezug auf das luzide Träumen zu konkretisieren.

Ein Heiligtum ist ein Zufluchtsort für diejenigen, die Sicherheit suchen. Für Ihre Zwecke bedeutet diese Sicherheit, dass Sie einen stabilen Ort in einer Traumlandschaft haben, der wahrscheinlich nicht zusammenbrechen wird. Ihr Traumheiligtum ist ein heiliger Ort für die Erforschung der Seele. Das ist ein Grund, warum Sie Beziehungen zu Ihren Geistführern aufbauen müssen, indem Sie ihnen mit Demut und Wärme die Hand reichen. Ihre Geistführer müssen gebraucht werden, es ist einer der Hauptzwecke ihrer Existenz -unter anderem ist es ihr Ziel, Sie auf dem heiligen Boden der Träume zu treffen, um von der uralten Weisheit zu profitieren, die sie ihren Schützlingen anbieten können.

Mit all diesen Überlegungen ist es nun an der Zeit, sich auf den Raum selbst und die Eigenschaften zu konzentrieren, die er aufweisen soll und muss, damit er für Sie gut funktioniert.

Ein Versteck

Aufgrund seines Zwecks ist Ihr Traumheiligtum ein besonderes Merkmal des luziden Träumens. Dies ist eine Konstante in Ihrer luziden Traumwelt, und es kann einige Zeit dauern, bis Sie sich versiert genug fühlen, um den Raum als stabile Manifestation in Ihren luziden Träumen zu erschaffen.

Indem Sie es „vorfertigen", schaffen Sie ein Symbol in Ihrem Geist. Je stabiler es in Ihrem Kopf ist, desto stabiler wird es auch in Ihren luziden Träumen erscheinen. Deshalb sind die Details so wichtig. Denken Sie über die Art von Räumen nach, in denen Sie sich sicher und gut aufgehoben fühlen. Vielleicht möchten Sie, dass Ihr Traumheiligtum die

Form einer Höhle in einer Felswand oder eines Beduinenzeltes annimmt. Was auch immer „Sicherheit" für Sie bedeutet, es ist das erste Merkmal, das Sie berücksichtigen sollten.

Denken Sie zum Beispiel an die Orte, die Sie in Ihrer Kindheit am meisten angezogen haben. Ich erinnere mich, wie ich im Auto saß, als meine Familie in eine nahe gelegene Stadt fuhr. Der Mittelstreifen der Autobahn war graswachsen, mit vereinzelten Hainen aus Nadelbäumen, Sträuchern und Büschen an deren Fuß. Wenn wir daran vorbeifuhren, träumte ich immer davon, wie ich in diesen Hainen unter freiem Himmel leben könnte. Ich stellte mir vor, in einem Zelt zu leben, das mit Kissen und kuscheligen Decken ausgelegt ist. Ein anderer Lieblingsort war für mich der Flaschengeist aus der Fernsehserie „Ich träume von Jeannie". Ich wollte immer gerne in dieser Flasche mit ihrem exotischen Dekor und den Plüschkissen leben.

Für Erwachsene mögen diese Kindheitsträume zwar albern klingen, aber sie geben uns Hinweise auf unsere psychologischen Bedürfnisse. Als introvertierter Mensch versteckte ich mich als Kind gerne. Ich mochte die Vorstellung, mich an Orten aufzuhalten, die gut sichtbar waren und dennoch Unsichtbarkeit boten. Nehmen Sie sich etwas Zeit, um über Ihre Lieblingsverstecke aus Ihrer Kindheit nachzudenken und warum Sie diese gewählt haben. Was wollte Sie dort gerne tun? Wie haben Sie sich gefühlt, als Sie sie besucht haben?

Bedeutungsvolle Umgebung

Sobald Sie Ihre Definition von Sicherheit und Komfort für Ihren heiligen Traumraum gefunden haben, müssen Sie überlegen, wie der Raum aussehen soll. Denken Sie daran, dass es sich um einen dauerhaften Ort handelt. Das Traumheiligtum ist nicht ohne Grund ein statischer, stabiler Ort - hier können Sie die großen Fragen angehen, mit Ihren Geistführern sprechen und mehr darüber erfahren, was sie Ihnen mitzuteilen haben.

Ich glaube fest an die Macht der Farben. Dies ist besonders wichtig für Ihr Traumheiligtum, da die Farbe die Stimmung eines Ortes bestimmt. Sie vermittelt eine sehr starke Botschaft über dessen beabsichtigten Zweck und das Ambiente. Wählen Sie Farben, die zu Ihnen sprechen, und machen Sie sich die spirituelle Bedeutung der Farben, die Sie wählen, bewusst. Farben schwingen mit und haben eine bestimmte Energie. Beachten Sie sie und deren spirituelle Bedeutung:

- **Grün:** Dies ist die Farbe der natürlichen Welt, des Gleichgewichts und der harmonischen Kommunikation. Sie ist ideal für ein Traumheiligtum in jedem Farbton.
- **Gelb:** Gelb steht für die Vernunft, aber auch für Spaß, Intellekt und persönliche Kraft.
- **Orange:** Diese dynamische Farbe ist aktiv und regt Produktivität und kreative Inspiration an. Hinweis: Für ein Traumheiligtum kann sie ein wenig zu „hyperaktiv" sein.
- **Rot:** Die körperlich vitale und leidenschaftliche Farbe Rot regt die Spontaneität an, steht aber auch für Stabilität. Verwenden Sie diese Farbe aber sparsam. Sie hilft, den Raum zu stabilisieren, kann aber die Kommunikation stören, wenn zu viel davon in Ihrem Traumheiligtum verteilt ist.
- **Lila:** Diese zutiefst spirituelle Farbe ist ideal für die Zwecke eines Traumheiligtums. Wählen Sie einen Juwelenton für Ihren Traumraum, um die Intuition und die Energien des Universums zu inspirieren, die auch durch Sie hindurchfließen.
- **Blau:** Ein satter und leuchtender Blauton sollte Ihre anderen Farben sowohl spirituell als auch ästhetisch ergänzen. Blau steht für Frieden, Liebe, emotionale Tiefe und spirituelle Offenheit und passt daher sehr gut zu Ihrem Traumheiligtum.

Welche Farben Sie auch immer bevorzugen, bedenken Sie sie im Hinblick auf den Zweck des Traum-Heiligtums und darauf, wie es in Ihrem luziden Traumzustand wirken soll. Ihre Farben sollten mit Sorgfalt ausgewählt und dann harmonisch eingesetzt werden, um einen Raum zu schaffen, der sowohl Ihr Auge als auch Ihre Seele erfreut und den Zweck des Heiligtums unterstützt.

Fürsorge

Warum ist Farbe so wichtig für die Vorbereitung Ihres Traumheiligtums? Alle Farben haben eine spirituelle Resonanz. Alle Farben lassen uns etwas fühlen. Farben haben Macht, und das gilt auch für das Design. Das gilt besonders dann, wenn Sie die Farben für Ihr Traumheiligtum danach auswählen, wie sie auf Sie wirken, und den Raum nach den einzigartigen Bedürfnissen Ihrer Seele gestalten.

Auf dem Weg zu Ihrem Traumheiligtum ist es wichtig, dass Sie sich Gedanken darüber machen, was Sie an diesem Ort erreichen wollen. Sie halten sich nicht an eine Schablone, ganz gleich, woher die Praxis stammt.

Sie schaffen genau den Raum, den Sie brauchten, und zwar auf die Art und Weise, die Sie brauchten, um ihn als statisches Element Ihrer luziden Träume zu stabilisieren. Sie erschaffen diesen heiligen Raum als Rückzugsort für die Bedürfnisse Ihrer Seele in Verbindung mit jenen Wesenheiten, die Ihnen am besten dabei helfen können, diese Bedürfnisse zu verwirklichen. Die Erscheinung dieses Raums in Ihren Träumen darf sich nicht verändern. Er muss Ihnen immer genau so zur Verfügung stehen, wie er es in jedem anderen Traum zuvor auch getan hat. Dies ist ein Seelenraum in der Luzidität, der stabil bleiben und für Sie bereit sein muss, wenn Sie ihn brauchen, um Ratschläge, Diskussionen oder Antworten auf Fragen zu erhalten, die im Laufe des luziden Träumens oder im Wachleben auftauchen. Dies ist Ihr Zentrum für luzides Träumen und eine Quelle der Selbsterkenntnis und Heilung in Gesellschaft Ihrer Geistführer, seien es Ahnen, archetypische Präsenzen oder zufällige, aber seltsam vertraute Gesichter anderer.

Wählen Sie also die Elemente für Ihr Traumheiligtum sorgfältig aus. Denken Sie daran, dass Sie einen heiligen Raum für Ihre ausschließliche Nutzung entwerfen. Die Heiligkeit Ihrer Reise als Mensch zu schätzen bedeutet, die gleiche Heiligkeit in Ihrer Seele anzuerkennen. Stellen Sie sicher, dass Sie wissen, dass Sie die Mühe wert sind. Wenn Sie das nicht von sich behaupten können, haben Sie noch einiges an Heilungsarbeit zu leisten, bevor Sie sich an ein so komplexes, anspruchsvolles und aufschlussreiches Unterfangen wie die Gestaltung eines Traumheiligtums wagen.

Und das ist in keiner Weise etwas Schlechtes. Alles im Leben ist Wachstum. In dem Moment, in dem das Wachstum endet, tritt der Tod ein. Ungeachtet von Unfällen signalisiert das Fehlen von Wachstum das baldige Ende des menschlichen Lebens.

Dies geschieht nicht, weil ein Leben ohne Wachstum keinen Wert hat oder vermeintlich nicht „produktiv" ist (unsere moderne Besessenheit), sondern weil der Organismus begonnen hat, sich zu entarten, was eine systemische Entropie auslöst. Ob durch Vernachlässigung, Selbstmissbrauch oder Krankheit, durch einen Unfall, einen Terroranschlag oder im Schlaf - wir sterben. Aber wenn wir jeglichen Wachstum ablehnen, gehen wir nur noch zur Tagesordnung über - wie die wandelnden Toten.

Das Wachstum gilt auch als Wegweiser. Wir alle durchleben den Prozess des Wachstums, und wir alle sollten sie als einen wunderbaren

Beweis dafür begrüßen, dass wir so unglaublich kommunikative, kognitiv fortgeschrittene Wesen sind.

Das Schlüsselwort heißt Zuhause

Denken Sie bei der Auswahl von Gegenständen und Einrichtungsgegenständen für Ihren Traumraum an Ihr Zuhause. Warum lieben Sie es? Was an ihm spiegelt am besten wider, wer Sie sind und wofür Sie stehen? Fühlen Sie sich in seinen Mauern geborgen?

Diese Leitfragen werden Sie zu einer Erkenntnis über einige wesentliche Wahrheiten über sich selbst führen, und dabei handelt es sich nicht nur um rein ästhetische Wahrheiten. Einige betreffen auch Ihr psychologisches Gewissen, das eine sehr klare Vorlage für das bietet, was für Sie ein echtes „Zuhause" ist.

Überlegen Sie genau, warum Sie dort leben, wo Sie leben. Denken Sie daran, wie Sie sich gefühlt haben, als Sie eingezogen sind und wie Sie Ihre Wohnung nach Ihrem Geschmack eingerichtet haben. Sie haben ein Lieblingszimmer. Stellen Sie es sich vor und erkennen Sie, was es mit diesem Raum auf sich hat, und warum es Ihnen ein Gefühl der Sicherheit und Geborgenheit gibt, wann immer Sie Zeit darin verbringen.

Dies sind die Elemente, die für Ihr Traumheiligtum am wichtigsten sind. Im Bereich der Luzidität ist der physische Komfort weniger wichtig, aber wenn physischer Komfort Ihnen ein Gefühl der Ruhe und Zugehörigkeit vermittelt, dann sollten Sie ihn in die Einrichtung mit einbeziehen. Machen Sie sie plüschig und nachgiebig. Schaffen Sie eine Art Gebärmutter für Ihre Seele, als Teil Ihrer Vorbereitung auf ihre kommende Arbeit mit Ihren Geistführern und Vorfahren.

Es handelt sich um Ihren geheimen Garten. Vielleicht ist Ihr Traumraum auch ein Garten, in dem es nachts nach blühendem Jasmin duftet (auch hier kommt es auf sinnliche Details an). Oder vielleicht handelt es sich lediglich um eine Liege oder eine verrückte Ansammlung von übergepolsterten Stühlen, über denen handgehäkelte Deckchen hängen. Es spielt keine Rolle.

Was zählt, ist, dass Sie Ihre ideale Vision von ruhiger Selbstfürsorge schaffen und dass Sie in Ihrem tiefsten Inneren verstehen, dass dies Ihr heiliger Raum ist - unantastbar und ganz Ihnen gehörend, während Ihres gesamten Lebens und vielleicht sogar darüber hinaus. Es ist noch kein Mensch von dieser Reise zurückgekehrt, um uns alles über seine Erfahrungen zu erzählen.

Das wahre Geschenk der schamanischen Praxis liegt nicht in dem abenteuerlichen Aspekt ihrer Säulen, sondern in ihrer Freiheit. Als Menschen sind wir alle mit der Geschichte verbunden, mit Orten, die wir vergessen haben, und mit Glaubenssystemen, die wir zugunsten von autokratischeren Systemen haben verkümmern lassen. Die Freiheit, die sich in den Ideen und Praktiken des Schamanismus verbirgt, lässt sich nur durch Geduld gewinnen. Sie wird nicht angestrebt und man kann Sie sich nicht verdienen. Diese Freiheit liefert die Wahrheit über die Beziehung der Menschheit zur Schöpfung - wie wir in ihr leben und in ihr sterben.

Diese uralten Hinweise auf uns selbst sind für das offene Herz zugänglich, das die gemeinsamen Fäden unserer menschlichen Geschichte versteht. Der Schamanismus hat den luziden Träumern ein gutes Modell für die Entwicklung und Heilung der Seele im Traumheiligtum zur Verfügung gestellt.

Die Weisheit, die wir meistens nur durch eine Art verschleierte Kristallkugel hindurch erkennen können, ist in den antiken Literatur zur Natur des menschlichen Wesens verwurzelt. Mit Hilfe des luziden Träumens und eines breiteren Verständnisses der Geschichte des Schamanismus, die uns allen gemeinsam ist, hoffe ich, dass wir alle den Frieden eines Zufluchtsortes und eine Lösung für unser Unbehagen in dieser Welt finden können.

In dem nächsten Kapitel werden wir uns mit der Selbstheilung befassen. Ich habe es bereits am Rande angesprochen, aber wir hatten noch keine Gelegenheit, ins Detail zu gehen. Dafür haben wir uns Kapitel 12 aufgehoben!

Lassen Sie uns mehr dazu erfahren.

Kapitel 12: Wie man sich selbst in der Traumwelt heilt

Ich weiß, dass viele von Ihnen ein großes Interesse an diesem Kapitel haben werden. Sie sind auf der Suche nach etwas Nicht-Traditionellem, um Ihre Heilung von der Vielzahl von Wunden des Lebens zu unterstützen. Ich begrüße Ihre Offenheit und Ihre Bereitschaft, sich über komplementäre Ansätze außerhalb der westlichen Medizin zu informieren.

Dieses Buch soll nicht als Ersatz für einen Besuch bei Ihrem Hausarzt, oder im Falle einer psychiatrischen Störung, einem unglücklichen Gemütszustand oder einer Krankheit dienen, dies alles sind Leiden, die nur von Fachleuten behandelt werden sollte. Bitte konsultieren Sie einen Arzt, wenn Sie sich Sorgen um Ihre Gesundheit machen. Heilung erfordert fachkundige Unterstützung und spirituelle/intellektuelle Arbeit, sowohl zur Selbsterhaltung als auch um Geist und Körper in einen Zustand, wahren, ganzheitlichen Wohlbefindens zu bringen.

Heilung hat jedoch viele unterschiedliche Bedeutungen. Wenn Sie sich in der Traumwelt selbst heilen, geht es dabei in erster Linie um alte Wunden, aber oft auch um die mysteriösen körperlichen Folgen dieser psychischen Wunden. Wir sind uns noch nicht einig darüber, inwieweit sich Ereignisse in der Psyche auf Ereignisse im Körper auswirken, aber wir wissen, dass sich emotionaler Stress auf unzählige Arten körperlich manifestiert. Es gibt viele weitere Beispiele, darunter PTSB/CPTSD, die für zahlreiche unangenehme körperliche Symptome wie Kopfschmerzen,

Migräne, Körperschmerzen und Muskelkrämpfe verantwortlich sein können.

Wie ich bereits gesagt habe, ist dieses Buch kein Ersatz für den Rat Ihres Hausarztes oder Ihres psychologischen Betreuers. Aber ich weiß, dass einige von Ihnen, während Sie dieses Buch lesen, Traumata wie Chemotherapie und Bestrahlung, Geburten, orthopädische Operationen und andere Ereignisse durchgemacht haben, die Ihrem Körper einen enormen Tribut abverlangt haben. Sie haben Ihre medizinische Behandlung hinter sich und sind auf dem Weg zur Besserung.

Sie hoffen, dass das luzide Träumen Ihnen helfen kann. Es wird Sie freuen zu hören, dass es zahlreiche Beweise für die Argumente für diese Hypothese gibt. Lassen Sie uns also mehr über die Selbstheilung in der Traumwelt herausfinden.

Vielversprechende Partner - Transpersonale Psychologie

Mit ihrem Wachstum und ihren Fortschritten wird das Studium der Träume zunehmend als Gegengewicht zur Psychologie anerkannt. Was könnte für die Psychologie hilfreicher sein, als der Wert des menschlichen Geistes im Traum?

In den frühen 1960er Jahren entstand das Feld der transpersonalen Psychologie, die von Abraham Maslow vorangetrieben wurde. Die transpersonale Psychologie lädt die menschliche Spiritualität an den Tisch ein und erkennt sie als eine Komponente des Mensch-Tier-Verhältnisses an, die es wert ist, von denjenigen, die nach Ganzheitlichkeit streben, als Werkzeug eingesetzt zu werden.

Das Wort „transpersonal" bedeutet, dass wir über unsere selbst wahrgenommene Isolation als Menschen hinausgehen und nicht nur die Einheit aller Dinge erkennen, sondern auch unseren Platz in diesem Gleichgewicht.

Das Transpersonale ist in den meisten traditionellen Glaubenssystemen sehr lebendig, wird jedoch von der Personalisierung der Beziehung zwischen Gott und Mensch übertönt. Die transpersonale Psychologie versucht, darauf zu reagieren, indem sie die menschlichen Bedürfnisse, die durch verschiedene Formen und Konzeptualisierungen von Spiritualität definiert werden, unter das Dach der Psychologie bringt.

„Die Transpersonale Psychologie befasst sich mit der Erforschung des höchsten menschlichen Potenzials und mit dem Erkennen, Verstehen und Verwirklichen von einheitlichen, spirituellen und transzendenten Bewusstseinszuständen."

D.H. LaJoie und S. Shapiro

Definitionen der Transpersonalen Psychologie, 1992

Ich finde, dass die Ideen, die der transpersonalen Psychologie zugrunde liegen, sich längst hätten verbreiten sollen, und dass sie es wert sind, weiter erforscht zu werden. Die vorgeschlagene Partnerschaft zwischen den Gemeinschaften der luziden Träumer und der transpersonalen Psychologie ist wegen des Potenzials, das die Vereinigung dieser beiden Studienbereiche darstellt, sehr spannend. Unsere Träume, unsere spirituellen Kerngedanken und unser komplexer Verstand sind faszinierende, noch nicht ausreichend untersuchte Informationen, die Erkenntnisse versprechen, die uns bis jetzt entgangen sind. Und ein Teil dieser Informationen hängt davon ab, wie unser Geist, wenn er dazu angeleitet wird, uns bei der Heilung unserer psycho-spirituellen Wunden und sogar bei der körperlichen Heilung helfen kann.

Natürliche Partner

In seinem 2018 im Journal of Transpersonal Psychology erschienenen Artikel *Bridging Transpersonal Psychology and Lucid Dream Research* erkannte Tadas Stumbrys von der Universität Vilnius die Kraft einer möglichen Partnerschaft zwischen dem luziden Träumen und der transpersonalen Psychologie.

Mit dem Artikel hoffte Dr. Stumbrys, der TP-Gemeinschaft die Fortschritte zu präsentieren, die in den letzten Jahren in der Forschung über luzide Träume erzielt worden waren (einschließlich des Jahres 2021, wie wir weiter oben in diesem Buch bereits dargelegt haben). Ziel ist es, die Beziehung zur Disziplin zum gegenseitigen Nutzen der Forschungs- und Studiengemeinschaft wiederherzustellen.

Die frühere Zusammenarbeit zwischen den beiden, so Stumbrys, kann zum Nutzen beider wiederhergestellt werden. In seinem Artikel wird das luzide Träumen auch als eine ausdrücklich transpersonale Erfahrung dargestellt, bei der der Träumer, der weiß, dass er träumt, den Traum lenkt und sich mit ihm auf das gewünschte Ergebnis einlässt. Wie im obigen Zitat erwähnt, handelt es sich dabei um eine transpersonale Handlung, einen „transzendenten Zustand ... des Geistes".

Stumbrys wies auch auf einen Strom von transpersonalem Interesse in der laufenden Forschung seit der getrennten Entwicklung des luziden Träumens und der TP hin und erkannte den psychophysiologischen Forschungstrend der letzten Jahre im Bereich des luziden Träumens (mit Schwerpunkt auf Rapid Eye Movement Untersuchungen im Schlafzyklus) an. Er plädierte nachdrücklich für den gegenseitigen Nutzen, den die beiden Interessensgebiete auseinanderziehen können. Aus einer Erneuerung der Partnerschaft zwischen diesen beiden Forschungsgebieten ließe sich viel gewinnen.

In dem Maße, in dem die transpersonale Psychologie die Rolle des Geistes und sein Wirken innerhalb des „ganzen Menschen" untersucht, während die Rolle des luziden Träumens bei der Heilung, um eine echte Homöostase wiederherzustellen, die die Fülle des Menschen in Körper, Geist und Seele einschließt - die eine konsubstanzielle und unteilbare Wahrheit über unsere Spezies anerkennt -, besteht eine enorme Chance, dass die beiden Sphären jenes magische Venn-Diagramm erschaffen, das sie uns ein tieferes Verständnis und eine wesentliche Steigerung des menschlichen Wohlbefindens signalisieren.

In seinem Artikel „Healing Through Lucid Dreaming" (Heilung durch luzides Träumen), der 1991 im Lucidity Letter erschien, erinnerte Stephen LaBerge die Leser daran, dass das Schlafen und das Träumen natürliche Heilungsprozesse sind, die der Körper ohne Aufforderung durchführt. Das luzide Träumen befindet ist also bereits im Selbstheilungsvermögen des Körpers angesiedelt, zusammen mit dem psychophysiologischen Akt des Schlafs und den konventionellen Träumen, die uns dabei helfen, unserem Leben einen Sinn zu geben.

In dem gesamten Artikel verweist LaBerge immer wieder auf die ganzheitliche Natur des Menschen. Wie ich bereits gesagt habe, umfasst die Homöostase auch den Geist und die Seele. Wenn einer dieser Faktoren aus dem Gleichgewicht gerät, ist es auch der Rest des Organismus. So wie ein gebrochener kleiner Zeh die gesamte körperliche Kette in Mitleidenschaft ziehen kann, so können auch Rückschläge im Leben, sowie geistiges und körperliches Unwohlsein, das Ganze beeinträchtigen.

LaBerge weist darauf hin, dass der konventionelle Traum, insbesondere in Form von Albträumen, auf Reaktionen und

Verhaltensweisen hinweist, die von uns ausgehen und geheilt werden müssen. Er verortet diese Heilung in der Disziplin der Luzidität.

Die Dysfunktion, auf die Albträume ein Hinweis sein können, hat im luziden Träumen einen heilenden Cousin. Die Fähigkeit, unsere Reaktionen im Traum zu wählen und die Handlung zu lenken, gibt uns einen Vorsprung. Durch die Praxis des luziden Träumens wird uns ein innerer Mechanismus zur Verfügung gestellt, um Konflikte in unserem Leben zu lösen.

In unserem Kapitel über Traumfiguren habe ich ein wenig über die Konfliktlösung in Gesellschaft von feindseligen oder bedrohlichen Traumfiguren gesprochen. Dies ist zwar eine Methode für Fortgeschrittene, aber für den entschlossenen Praktiker keineswegs unzugänglich. Diese Traumfiguren spielen Themen aus, die in Ihrem Unterbewusstsein herumschwirren. Einige dieser Themen haben Sie vielleicht schon lange verdrängt oder aber erst seit kurzer Zeit. Aber feindselige Traumgestalten, die zufällig auftauchen, halten ein Geschenk für Sie bereit - die Lösung offener Fragen, die Ihr Unterbewusstsein plagen. Die Versöhnung mit diesen Figuren ist eine Form der Heilung, die Ihnen das luzide Träumen bietet, und eine Fähigkeit, die Sie anstreben sollten.

Im Wesentlichen sagt LaBerge, dass wir die Meister unseres eigenen Verstandes sind, wobei die Praxis des luziden Träumens unser Heilungsweg ist. Im luziden Traumraum steht es uns frei, unsere tiefsten Wunden (und die weniger tiefen) zu ergründen und anschließend zu heilen.

Wie ich im vorigen Abschnitt gesagt habe, sollten sich die transpersonale Psychologie und das luzide Träumen wieder vereinen, um das Potenzial des luziden Träumens zur Heilung zu erforschen und zu heben. LaBerges Arbeit (nicht nur in diesem Aufsatz, sondern während seiner ganzen Karriere auf diesem Gebiet) ruft sie dazu auf, die Dringlichkeit dieser Wiedervereinigung zu erkennen.

Das OMNI-Experiment

Im April 1987 führte das OMNI Magazine, unter der Leitung von Stephen LaBerge und Jayne Gackenbach, damals von der Sanford Universität bzw. der Universität von Alberta/Athabasca, eine detaillierte Studie über luzides Träumen mit 1.000 Probanden durch. Die Studienleiter stellten die Ergebnisse des OMNI-Experiments im Lucidity

Letter im Dezember 1989 vor.

Die Autoren stellten fest, dass nur wenige Teilnehmer das luzide Träumen mit Heilung in Verbindung brachten. Von den Teilnehmern, die an das Heilungspotenzial des luziden Träumens glaubten, gaben 77 % an, dass sie es bereits erfolgreich eingesetzt hatten.

Wir werden später nochmal kurz über das OMNI-Experiment sprechen, wenn wir im nächsten Kapitel auf die Luziditätsheilung von Albträumen zu sprechen kommen. Für den Moment werden wir die Ergebnisse des Experiments in Bezug auf andere Arten von Heilung diskutieren.

Ergebnisse der körperlichen Heilung

Das OMNI-Experiment lieferte einige interessante Ergebnisse zu dieser Kategorie der Heilung.

Im Sinne der Klarheit des Experiments wurde „körperliche Heilung" als das Einschlafen mit bestimmten körperlichen Schmerzen oder Beschwerden definiert und das Aufwachen wurde genutzt, um festzustellen, ob diese aufgrund eines luziden Traums, in dem der Schmerz anerkannt und angesprochen wurde, verschwunden waren.

Aber nicht bei allen Probanden wurden die Schmerzen sofort gelindert oder beseitigt. Bei einigen dauerte der Prozess mehrere Wochen oder manchmal Monate, aber auch sie führten die „Heilung" auf den Traum zurück, den sie erlebt hatten.

Das OMNI-Experiment ergab 8 solcher Fälle, die sich gleichmäßig auf die Geschlechter verteilen. Das Durchschnittsalter dieser Stichprobe betrug fast 37½ Jahre (in einer Spanne, die Personen im Alter von 32 bis 57 Jahren umfasste). Von den acht Versuchspersonen, die angaben, durch luzides Träumen von einer körperlichen Beschwerde befreit worden zu sein, waren 5 erfahrene Träumer, die von einem oder mehreren luziden Träumen pro Woche berichteten. Auch die Mitglieder dieser Gruppe hatten häufig luzide Träume vom Fliegen.

Eine der Versuchsteilnehmer erzählte von ihrem Traum, in dem es um donnernde Kopfschmerzen ging:

„Wegen starker Kopfschmerzen habe ich ein Nickerchen gemacht. Während ich schlief, fand ich die Lösung für die Kopfschmerzen. Ich spannte meinen Kopf in eine Drehbank ein und drehte den oberen Teil meines Kopfes ab. Die Lösung war, dass ich nicht mehr aufwachen konnte. Ich dachte, ich müsste aufwachen, um das Problem der

Kopfschmerzen zu lösen. Als ich dann aufwachte, war die Lösung natürlich lächerlich, aber die Kopfschmerzen waren weg!"

Es ist anzumerken, dass dieses Experiment kaum etwas mit Empirie zu tun hat. Menschen sagen manchmal die verrücktesten Dinge, und einige dieser Dinge sind einfach nicht wahr. OMNI und seine Versuchsleiter hatten beispielsweise keine Möglichkeit, Übertreibungen der Teilnehmer zu kontrollieren. Der Wahrheitsgehalt der Aussagen der Teilnehmer wird daher nur vermutet und ist nicht überprüfbar.

Es sollte auch klargestellt werden, dass keine der Heilungen, die von den Teilnehmern der 8-Personen-Gruppe behauptet wurden, sich auf unheilvolle körperliche Leiden bezogen. In allen Fällen handelte es sich um körperliche Wunden, die zur „Heilung" bestimmt waren.

Eine Vorlage

Diese Schilderungen der Teilnehmer zeigen, dass es möglich ist, dass der luzide Geist die Ereignisse im Körper beeinflusst - bis zu einem gewissen Grad. Für bestimmte körperliche Beschwerden gibt es im Kopf des Träumers in begrenztem Umfang Lösungen.

Wie aus der Zusammenfassung der Ergebnisse hervorgeht, gibt es noch weitere Gemeinsamkeiten, die die Hypothese unterstreichen, dass Klarheit das körperliche Wohlbefinden bei der Bewältigung kleinerer Beschwerden fördern kann.

- Alle Teilnehmer hatten eine Vorgeschichte mit luziden Träumen. Alle waren in der Lage, ihre Träume zu kontrollieren, ob luzide oder konventionell.
- Alle gingen mit dem festen Vorsatz schlafen, die Beschwerden zu beseitigen, die sie plagten.
- In der Klarheit wurde sich diese Absicht wieder in Erinnerung gerufen.
- Entweder hat der Träumende oder eine Traumfigur gehandelt, um das Problem zu lösen.
- In dem Traum wurden positive Ergebnisse erzielt.
- Linderung der Schmerzen/des Unbehagens beim Aufwachen oder zu einem späteren Zeitpunkt wurden ebenfalls oft beschrieben.

Leider waren die Ergebnisse des OMNI-Experiments in Bezug auf die verschiedenen Arten der Heilung jenseits des Physischen etwas verworren.

Dennoch lieferte dieser Forschungsversuch wertvolle Ansatzpunkte für künftige Forschungsprojekte und Studien, und das ist nie verkehrt.

Sehen Sie sich die Aufzählung weiter oben an. Sie können sehen, dass die Gemeinsamkeiten der 8 Teilnehmer, die von der Heilung eines körperlichen Leidens in ihren luziden Träumen berichteten, das Grundgerüst der Trauminduktion in ihrem Zentrum bilden. Dies ist sehr ermutigend für diejenigen, die im luziden Traumraum Heilung suchen. Es zeigt uns, dass es ein Handlungsmuster gibt, das mit der Absicht vor und während des Traums zusammenhängt und eine Schlüsselkomponente der Heilung im luziden Traumraum darstellt. Ich glaube, dass dies für jede Art von Heilung gilt.

Es gilt die gleiche Vorlage. Es gilt die gleiche Begründung. Es gilt dieselbe Kette von Ereignissen.

Und das Herzstück von allem ist die Absicht. Die Absicht ist der Schlüssel zu Ihrem erfolgreichen Einsatz des luziden Träumens als Heilmittel. In der Praxis bedeutet dies, dass Sie sich zur aktiven Lösung mittels des aktiven Träumens entschließen. Die Absicht dürfen Sie in Ihrem Kopf nicht wischiwaschi formulieren. Die Absicht muss kraftvoll sein. Was beabsichtigt ist, wird auch getan. Im Bereich dessen, was wir uns wirklich wünschen, gibt es keinen Platz für Zweideutigkeiten, und wenn wir davon abweichen, unsere Wünsche absichtlich zu verfolgen, scheitern wir.

Unabhängig davon, ob Sie körperliche, seelische oder geistige Heilung anstreben oder nicht, ist die Vorlage, die sich aus den Gemeinsamkeiten der 8 Teilnehmer des OMNI-Experiments ergibt, auch bei Ihnen anwendbar. Die besondere Würze in diesem Szenario ist die Absicht und alles, was sie in Bezug auf Ihre Rolle als aktiver Akteur bedeutet.

Während es einfach ist, einen rasenden Schmerz im Kopf wirklich zu bekämpfen, ist es deutlich weniger einfach, geistiges oder psychologisches Unwohlsein zu bekämpfen. Wir neigen dazu, solche Schatten auf der Seele zu verteufeln, obwohl sie in Wirklichkeit keinen negativen Wert haben, außer in den extremen Fällen (Psychopathie, Machiavellismus, Soziopathie). Während die Unmittelbarkeit von Kopfschmerzen unsere Aufmerksamkeit erregt, zögern wir, uns um die Bedürfnisse unserer Seele und unseres Intellekts zu kümmern.

Luzides Träumen, gepaart mit der Bereitschaft, die Probleme zu benennen, die Sie mit seiner Hilfe angehen wollen, hat die Kraft, sich auf einer tieferen Ebene selbst zu nähren. Im Kern eines jeden Menschen bestimmt diese Ebene mehr über die Qualität unseres Lebens, als wir ihr zutrauen, selbst in unserem fortgeschrittenen Zeitalter der technischen Wunder und des allgegenwärtigen Elon Musk.

Als Teil der Anwendung des Modells, das aus dem OMNI-Experiment hervorging, gibt es eine einfache Reihe von Schritten, Empfehlungen und expliziten Anforderungen, die Ihnen dabei helfen können, die Traumlandschaft in Richtung der von Ihnen angestrebten Art von Heilung zu navigieren. Mit einer unerschütterlichen Absicht in Ihrem Herzen und der Beherrschung Ihres luziden Traumraumes haben Sie schon die Hälfte geschafft. Mit Ehrlichkeit, Offenheit und der Kraft Ihrer unbesiegbaren Absicht zeigt uns OMNI, dass wir mehr Kontrolle über die Qualität unseres Lebens haben, als wir uns je hätten vorstellen können. Diese acht Menschen und ihre Beschreibung der Gemeinsamkeiten ihrer luziden Träume haben uns eine Art Geschenk gemacht - einen benutzerfreundlichen, unkomplizierten Fahrplan in eine heilsame, ermächtigende luzide Traumwelt.

Im Laufe dieses Buches haben wir verschiedene Strategien, Zusammenhänge und Techniken erörtert, um den Zustand der Luzidität zu erreichen und dann das zu tun, wozu wir in diesen Bewusstseinszustand gekommen sind. Das luzide Träumen verlangt uns eine bestimmte Fähigkeit ab. Stephen LaBerge und andere auf diesem Gebiet haben eine Vielzahl von Möglichkeiten entwickelt, um diese Fähigkeiten zu entwickeln und zu fördern. Sie führen uns in den luziden Zustand, selbst wenn wir ihn noch nie erlebt haben, und zeigen uns, wie wir unsere Fähigkeiten verbessern können, wenn wir ihn schon erlebt haben.

Die Anwendung des Gelernten und Ihre Fortschritte auf dem Weg zu einer verbesserten Fähigkeit, mit der Möglichkeit, dass Sie sich stabilisieren, die Handlung kontrollieren, Ihre Wünsch zu manifestieren und mit Ihnen zu interagieren, werden Sie zu neuen Leistungen befähigen. Dies wird es Ihnen ermöglichen, Ihr Ziel zu erreichen, nämlich die Heilung durch die Lebensfertigkeit des luziden Träumens zu erlangen, ein Komplex von Fertigkeiten, der denjenigen, die ihn praktizieren, enorme Belohnungen einbringt. Fügen Sie zu all dem, was Sie bisher in diesem Buch gelernt haben, die Macht der Absicht hinzu, und Sie sind auf dem besten Weg, nicht nur im Land der Luzidität versiert, sondern auch Ihr eigener bester Freund in Körper, Geist und Seele zu werden.

Sie sind der Autor eines Großteils Ihrer eigenen Heilung (unter Berücksichtigung aller Bedingungen am Anfang dieses Kapitels).

Als Nächstes wollen wir über Albträume und Schlaflähmung sprechen und darüber, wie wir diese Probleme in unserem schlafenden Leben mit luzidem Träumen überwinden können.

Kapitel 13: Überwindung von Albträumen und Schlaflähmungen

„Manchmal kann uns der falsche Zug an den richtigen Ort bringen."
Paulo Coelho

Albträume sind der Stoff, aus dem Albträume gemacht sind! Viele von uns leiden furchtbar darunter und sind dadurch sehr in unserem Schlaf, unserer Arbeit und unseren Beziehungen gestört. Die American Academy of Sleep Medicine definiert Albträume als „... lebhafte, realistische und beunruhigende Träume, die typischerweise eine Bedrohung des Überlebens oder der Sicherheit darstellen und oft Gefühle von Angst, Furcht oder Schrecken hervorrufen."

Albträume haben psychologische Ursachen, von Stress, Angst und Depressionen bis hin zu Konflikten aus der Vergangenheit, die nach unserer Aufmerksamkeit schreien, oder traumatischen Lebensereignissen (PTSD), mit denen wir uns noch nicht auseinandergesetzt haben. Zwar haben nur zwischen 2 und 8 % der Amerikaner regelmäßig Albträume, aber der Produktivitätsverlust aufgrund schlechter Schlafqualität beläuft sich dabei trotzdem auf mehr als 1.200 Dollar pro Arbeitnehmer und Jahr. Und zumindest ein Teil dieses negativen Einflusses ist auf Albträume zurückzuführen.

Die Überwindung von Albträumen führt uns zurück zu dem Zitat am Anfang dieser Seite. Wir mögen Albträume nicht. Wir wollen sie loswerden, damit wir ruhig und gut schlafen und während der wachen Stunden normal funktionieren können. Dabei kann uns der "falsche Zug" (die Albträume) zu einem Ziel führen, das weit über die Beseitigung dieser schlafraubenden Schrecken hinaus Folgen hat.

Wir werden in diesem Kapitel auch über Schlaflähmung sprechen und darüber, wie Träumer beide Probleme mit Hilfe des luziden Träumens lösen können.

Bevor wir beginnen, möchte ich den gleichen Vorbehalt anbringen, den ich zu Beginn des vorherigen Kapitels schon erwähnt habe. Die Informationen in diesem Buch sind kein Ersatz für den Rat Ihres Hausarztes oder einer psychiatrischen Fachkraft, wenn es um ernsthafte Probleme wie behindernde Phobien, Angstzustände, Depressionen, Herzrasen oder Kurzatmigkeit geht.

Alptraumhafte Störung

Albträume sind bei Kindern sehr viel häufiger als bei Erwachsenden. Da sie die Welt noch nicht kennen, müssen sie sich mit einer Realität auseinandersetzen, die sie noch nicht verstehen, und dieser Prozess kann im Schlaf zu lebhaften und erschreckenden Bildern führen. Mit dem Eintritt in die Pubertät nimmt die Häufigkeit von Albträumen jedoch deutlich ab.

Viele Menschen haben im Laufe ihres Lebens gelegentlich Albträume. Aber für manche Menschen sind Albträume häufiger, sodass sie ihr Leben stören und ihre Schlafqualität ruinieren.

Bis heute besteht in der medizinischen und wissenschaftlichen Gemeinschaft keine Einigkeit darüber, warum wir Menschen Albträume haben. Die Schlafmediziner und die Neurowissenschaftler scheinen sich nicht einmal darüber einig zu sein, warum wir träumen, geschweige denn, wo unsere Albträume herkommen.

Einig ist man sich aber darin, dass Träume uns helfen, unsere Gefühle und die Ereignisse in unserem Leben zu verarbeiten. Träume helfen uns auch, Erinnerungen zu sammeln und zu festigen. Man geht davon aus (es gibt jedoch keine empirischen Beweise dafür), dass Albträume einen ähnlichen Zweck erfüllen, dass sie uns aber auch helfen sollen, Traumata und Ängste, die im täglichen Leben auftreten, verarbeiten zu können. Wir wissen, dass Schlafmangel, psychische Probleme, Stress, Traumata und Ängste zu Albträumen beitragen, ebenso wie bestimmte verschreibungspflichtige Medikamente und der Entzug von anderen (besonders von Schmerz- und Beruhigungsmitteln, da diese den REM-Schlaf unterdrücken, wenn Albträume auftreten).

Eine Alptraumstörung liegt vor, wenn Sie:
- Mehr als viermal pro Monat Albträume haben
- Wenn sich Ihre Schlafqualität verschlechtert, was sich auf Ihre Leistungsfähigkeit und Ihre Stimmung auswirkt
- Wenn Ihre häufigen Albträume mit dem Beginn der Einnahme eines neu verschriebenen Medikaments zusammenfallen.

Wenn dies auf Sie zutrifft, sollten Sie einen Termin mit Ihrem Hausarzt vereinbaren, um über die Gründe für die vielen Albträume zu sprechen.

Verzweifelte Zeiten

Es steht außer Frage, dass COVID-19 mit seiner langfristigen Isolierung, dem Verbot öffentlicher Versammlungen und der Angst, sich durch Körperkontakt mit dem Virus anzustecken, für uns alle, egal wo wir auf der Welt leben, schwierig ist.

Zu den Anforderungen einer Pandemie – unter dem Motto „halte Abstand und behalte deine Keime für dich" - kommt noch die Lawine von pseudowissenschaftlichem Hokuspokus auf uns zu, die von Verschwörungstheoretikern, Virusleugnern und Impfgegnern verbreitet wird. Zu unserer Besorgnis kommt also noch die Beleidigung durch Fehlinformationen hinzu.

Das Ausmaß dieser Gesundheitskrise und die Millionen von Menschen, die gestorben sind oder an langfristigen gesundheitlichen Folgen erkrankt sind, und sogar die Zahl derjenigen, deren Leben nur auf Eis gelegt wurde, sind gigantisch. Die Verleugnung dieser Realität scheint geradezu grausam zu sein, denn überall auf der Welt trauern Familien.

Aber wenn man voneinander isoliert ist, sei es durch die Entfernung, die Philosophie oder das Glaubensbekenntnis, ist es viel einfacher möglich, dass sich radikales Misstrauen einschleicht und die Distanz zwischen uns noch deutlicher wird.

Der Mensch ist ein soziales Lebewesen. Wir sehnen uns, in unterschiedlich hohem Maße, nach dem Trost anderer Menschen. Daher wurden die Quarantäneauflagen von den meisten von uns nur mit großem Bedauern ertragen. Eine gewisse Erleichterung dieses Kummers fanden wir in den elektronischen Medien, die Menschen über große Entfernungen hinweg miteinander verbinden können. Das ist zwar ein gewisser Trost, aber bei weitem nicht dasselbe wie wirklich gemeinsam verbrachte Zeit.

Die enorme psychologische Wirkung der Isolation und des Abgeschnittenseins allein war schon belastend, wenn nicht noch verlogene Stimmen hinzukamen, die, aus welchen Gründen auch immer, Zweifel an der Realität der Pandemie säen wollten. Als dieser Faktor hinzukam, wurde die Angst durch eine Art schockierten Unglauben verstärkt. Warum sollten die Menschen so viel Aufwand betreiben, um die Realität zu leugnen, mit der wir alle zu kämpfen haben?

Ich halte es für wichtig, diesen Faktor im Zusammenhang mit Albträumen zu erörtern, denn wir werden die Auswirkungen dieser Pandemie noch jahrelang zu spüren bekommen. In diesen Jahren wird die Zunahme psychischer Erkrankungen nur eine der Folgen sein, die sich aus der unglücklichen weltweiten Verbreitung eines tödlichen Virus ergeben. Auch wenn dies im Interesse der öffentlichen Gesundheit unvermeidlich ist, werden die Auswirkungen der isolierenden Erfahrung der Quarantäne noch einige Zeit zu spüren sein.

Ein dringender Bedarf

Einem Artikel im Scientific American vom Oktober 2020 zufolge hat COVID-19 eine globale „Traumwelle" ausgelöst. Jedes traumatische Ereignis wird höchstwahrscheinlich das Traumleben derjenigen verändern, die es erleben. Aber das globale Ausmaß dieser Träume, von denen viele - wenn nicht sogar Albträume - so doch zumindest schlechte Träume sind. Es gibt feindliche Traumfiguren, das Gefühl, angegriffen zu werden, zu spät zu kommen, eingesperrt zu sein. Was wir alle gefühlt haben, ist das, was wir alle geträumt haben.

In einer zunehmend komplexen, dicht-bevölkerten und voneinander abhängigen Welt wird es in unserer kollektiven Zukunft sicher mehr Zeiten wie diese geben. Und jetzt braucht die Menschheit mehr denn je einen Freund, der sie durch solche Zeiten begleitet. Luzides Träumen kann uns helfen, Ängste, Depressionen und den Wunsch, dieses Leben vorzeitig zu verlassen, zu heilen. Es kann uns helfen zu lernen, mit der Art von Ausgeglichenheit zu leben, die diese verzweifelten Zeiten erfordern. Und bei all den Traumata, die in der Luft hängen, kann es uns helfen, das Unbehagen des Augenblicks zu überwinden und Schutz vor den Albträumen zu finden, die uns plagen.

Lassen Sie uns herausfinden, wie wir unsere Albträume überwinden und die Kontrolle über unsere innere Unruhe übernehmen können.

Bildliche Übungstherapie
(Image-Rehearsal-Therapy)

Eine Variante der kognitiven Verhaltenstherapie, die sogenannte Bildliche Übungstherapie (die englische Abkürzung lautet IRT) wird zur Behandlung von PTBS (Posttraumatische Belastungsstörungen) eingesetzt, bei den lebhaften, wiederkehrenden und häufigen Albträumen zu den Symptomen gehören. PTBS-Albträume führen die Betroffenen oft an den Ort ihres Traumas zurück. Die IRT soll die Häufigkeit und den Schweregrad von Albträumen bei PTBS-Patienten verringern, indem sie die Art und Weise, wie die Traumbilder erlebt werden, manipuliert.

IRT-Patienten beginnen mit dem am wenigsten erschreckenden Alptraum, den sie erleben, und werden dann von ihren Therapeuten durch den Traum und die dazugehörigen Bilder geführt, um sie zu „dekonstruieren" und sich mit ihnen und dem Ereignis, das sie darstellen, zu versöhnen.

Indem man mit dem am wenigsten beängstigenden Alptraum beginnt, wird der Patient an die Wiederholung der Bilder gewöhnt, ohne dass eine Angstreaktion ausgelöst wird. Dies stärkt das Vertrauen des Patienten und seine Zuversicht.

Das luzide Träumen wird häufig in Verbindung mit der IRT-Therapie eingesetzt, da das Ziel darin besteht, die Bedeutung des Traums zu verändern und damit auch seine Bilder und die Art und Weise, wie die Patienten ihn erleben zu manipulieren. Der Prozess läuft wie folgt ab:

- Wenn Sie Albträume haben, dann hoffe ich, dass Sie sie regelmäßig in Ihrem Traumtagebuch aufschreiben. Wenn Sie das Gefühl haben, dass Sie mit dem am wenigsten beängstigenden Traum beginnen müssen, dann tun Sie das. Wenn Sie aber lieber mit dem jüngsten Traum beginnen, auch wenn er beängstigender ist, werden Sie wahrscheinlich mehr Erfolg haben, wenn Sie versuchen, ihn zu durchbrechen. (Wenn Sie ein PTBS-Patient sind, sprechen Sie bitte mit Ihrem Therapeuten, bevor Sie das luzide Träumen versuchen).

- Schreiben Sie jedes Detail des Traums auf, an das Sie sich erinnern können. Die Bilder sollten zuerst aufgezeichnet werden und dann die Gefühle, die Sie mit den Bildern verbinden.

- Jetzt schreiben Sie den Inhalt des Traums um. Sie werden sorgfältig über die Bilder und Ereignisse in dem Alptraum nachdenken und darüber, wie Sie den Traum lieber ausgehen lassen würden, sodass sich die Ereignisse nach Ihren Wünschen entfalten. Gleichzeitig visualisieren Sie die Bilder der Erzählung mit denselben Details, die Sie im ursprünglichen Alptraum verwendet haben. Dann wenden Sie den neuen emotionalen Rahmen auf die überarbeiteten Bilder an.

- Sobald Sie sich sicher fühlen, wie ein Schauspieler, der seinen Text probt, werden Sie sich Ihren neu gestalteten Alptraum einprägen und ihn oft in Ihrem Kopf wiederholen. Kurz vor dem Einschlafen gehen Sie den neu strukturierten Alptraum noch einmal durch.

- Denken Sie daran, dass Sie vielleicht nicht gleich beim ersten Versuch Erfolg haben werden. Das Wichtigste ist dabei, dass Sie die neue Erzählung in Ihrem Kopf konkretisieren, so dass Sie jedes Detail davon auswendig kennen, vorwärts und rückwärts.

- Wenden Sie eine Absicht an. Nachdem Sie Ihren Alptraum vor dem Schlafengehen durchgesehen haben, sagen Sie etwas wie: „Ich werde diese neue Version sehen."

Als Nächstes wollen wir über die Schlaflähmung sprechen, darüber was sie bedeutet und wie man richtig mit ihr umgeht.

Schlaflähmung - gut und schlecht

Das Wort „Lähmung" hat natürlich einen unangenehmen Beigeschmack, und wenn wir das Wort „Schlaflähmung" sehen, reagieren wir meistens instinktiv mit Entsetzen.

Aber nicht alle Schlaflähmungen sind schlimm. Manche Schlaflähmungen sind nichts Schlimmeres als ein natürlicher Teil des Schlafzyklus, der im REM-Schlaf auftritt. Problematisch wird es erst, wenn dieses Phänomen außerhalb der REM-Phase auftritt.

Schlafparalysen werden oft durch Erkrankungen wie Narkolepsie verursacht und können nach starkem Alkoholkonsum, Schlafentzug oder Stress auftreten.

Diese Art von problematischer Schlaflähmung tritt auf, wenn der Schläfer bei Bewusstsein ist, während er entweder in den REM-Schlafzyklus eintritt oder diesen verlässt, so dass die meisten Fälle beim Einschlafen oder Aufwachen auftreten.

Die Schlaflähmung kann mit körperlichen Empfindungen wie Ersticken oder einem Druckgefühl auf den Körper und sogar mit Halluzinationen einhergehen. Die meisten Episoden dauern nur ein paar Sekunden, oder maximal bis zu ein paar Minuten lang an, schwerwiegendere Vorfälle dauern deutlich länger.

Schlaflähmung beim luziden Träumen

Zu Beginn dieses Buches haben wir erörtert, dass luzides Träumen inzwischen auch im NREM-Schlaf beobachtet wurde. Wir wissen aber auch, dass das am besten bereiste Gebiet des luziden Traums der REM-Schlaf ist.

Aus diesem Grund wird das luzide Träumen manchmal von einer Schlaflähmung begleitet. Diese ist meist nur von kurzer Dauer, solange der Träumende nicht in Panik gerät. Das Wissen, dass die Schlaflähmung ein normaler Teil des Schlafzyklus ist, ist für luzide Träumer daher beruhigend.

Ob es nun tröstlich ist oder nicht, diejenigen unter Ihnen, die Luzidität anstreben, müssen diesen Aspekt Ihrer Reise kennen. Die Muskelatonie (die physische Erscheinungsform der Schlaflähmung) stellt das volle Wachbewusstsein wieder her. Aber bei luziden Träumern wird das Phänomen aufgrund der unterschiedlichen Bewusstseinszustände anders erlebt. Wenn man weiß, dass man träumt, ist die Schlaflähmung eine bekannte Erfahrung. Wenn man die REM-Phase verlässt und direkt in den Wachzustand übergeht, kann der Effekt beängstigend sein. Das liegt daran, dass die REM-Phase noch nicht abgeschlossen ist und man theoretisch körperlich noch im Schlaf ist.

Tatsächlich werden die elektrischen Impulse Ihres Gehirns, die zur Steuerung Ihrer Muskeln erforderlich sind, durch die Fortsetzung des REM-Schlafs durcheinandergebracht. Bei der Schlaflähmung brennt also im Grunde genommen eine Sicherung durch!

Luzides Träumen kann Ihrem Gehirn helfen, die Schlaflähmung und die damit verbundenen Albträume besser zu verstehen. Das eigentliche Problem bei dieser Schlafstörung ist die REM-Phase des Zyklus, die länger anhält als sie sollte.

Bemerkenswert ist, dass sowohl die Schlaflähmung als auch das luzide Träumen überwiegend mit dem REM-Schlaf verbunden sind.

Kontrolle zurückgewinnen

Die Ratschläge, die ich Ihnen hier gebe, ähneln sehr dem, was wir zuvor über Albträume besprochen haben. Aber es gibt noch eine weitere Dimension bei einigen der möglichen Ursachen für Schlaflähmungen. Lassen Sie uns dieses Thema ansprechen, bevor wir weitermachen.

- Stress
- Übermäßiger Alkoholkonsum
- Schlafentzug
- Jetlag
- Erhöhte Ängstlichkeit

Bitte lesen Sie sich diese möglichen Ursachen der Schlaflähmung durch, um sicherzustellen, dass Sie das Phänomen nicht durch eine dieser möglichen Auslöser provozieren. Das Ausschließen möglicher Ursachen ist wie das Testen von Lebensmitteln, um Allergien festzustellen - es ist notwendig, um zum Kern der Sache vorzudringen.

Wenn wir nun festgestellt haben, dass Sie weder Narkoleptiker sind, noch Probleme mit Ihrem Lebensstil haben, die Sie in den Griff bekommen müssen, können wir darüber sprechen, wie Sie das Ungleichgewicht in Ihrem Schlafzyklus beheben können. Wir werden auch über andere Faktoren sprechen, an denen Sie arbeiten können, um das Problem zu beseitigen. Das kann der Grund dafür sein, dass Ihre REM-Phase bis ins Wachbewusstsein hinein anhält.

Das erste und wahrscheinlich wichtigste Element bei der Bewältigung der Schlaflähmung ist die Beseitigung des Angstfaktors. Dies ist das größte Hindernis auf dem Weg zur Beendigung der Schlafparalyse. Wie bereits erwähnt, ist es eine Frage der Geduld und des Nachdenkens, sowie des Bedürfnisses, den Kern des Problems zu finden. Sie werden feststellen, dass es Ihre Zeit und Mühe wert ist, denn Sie schlagen damit mindestens zwei, und vielleicht sogar noch mehr Fliegen mit einer Klappe.

Der erste Schritt besteht darin, dass Sie zu RIT zurückkehren und entweder Ihr am wenigsten erschreckendes oder Ihr jüngstes Vorkommnis von Schlaflähmung Revue passieren lassen. Von dort aus folgen Sie denselben Schritten mit einigen wichtigen Veränderungen, um die aktuelle Diskussion anzugehen.

- Fälle von Schlaflähmung sollten in Ihrem Traumtagebuch festgehalten werden. Wenn Sie sie im luziden Zustand erlebt haben, sollten Sie sie in einem separaten Abschnitt niederschreiben.
- Schreiben Sie jedes Detail auf, an das Sie sich erinnern können. Welche körperlichen Empfindungen haben Sie erlebt? Hatten Sie Halluzinationen? Sind Sie weggeschwebt? Beschreiben Sie alles, was während Ihres Erlebnisses mit Ihnen geschah.
- Jetzt werden Sie das, was Sie erlebt haben, aus einem anderen Blickwinkel betrachten. Sie müssen sich eine angenehme körperliche Empfindung anstelle der Erstickung oder Kurzatmigkeit vorstellen, die Sie während der Schlaflähmung erlebt haben.
- Wenn Sie Ihre Schlaflähmungserfahrung dekonstruieren und rekonstruieren, vergleichen Sie sie mit früheren Traumata und Sorgen in Ihrem Leben. Gibt es irgendetwas, das auf eine vergessene oder vernachlässigte Ursache des Problems hinweisen könnte? Dies ist eine Angelegenheit, die Sie und Ihre Geistführer in Ihrem Traumheiligtum besprechen sollten. Vielleicht haben Ihre Geistführer noch andere Ideen, denn sie waren schon immer bei Ihnen und kennen die 411 ungelösten Probleme in Ihrem Kopf.
- Wie ein Schauspieler, der seinen Text probt, prägen Sie sich Ihr neu gestaltetes Schlaflähmungserlebnis ein und wiederholen es oft in Ihrem Kopf. Sobald Sie sich sicher sind, dass Sie genug geübt haben, gehen Sie die neu strukturierte Erfahrung kurz vor dem Einschlafen noch einmal durch, mit der Absicht, Ihre neue Perspektive anzuwenden.
- Denken Sie daran, dass Sie dabei vielleicht nicht beim ersten Versuch erfolgreich sind. Das Wichtigste ist, dass Sie die Erfahrung in Ihrem Kopf konkretisieren, so dass Sie jedes Detail davon kennen, vorwärts und rückwärts.
- Wenden Sie eine Absicht an. Nachdem Sie sich Ihre Ersatz-Schlafparalyse-Episode vor dem Schlaf angesehen haben, sagen Sie so etwas wie: „Ich werde dies anders erleben."

Der Sinn des luziden Träumens besteht darin, die verborgenen, unbekannten Teile von uns selbst zu erfahren und dort Heilung und

Selbstentfaltung zu finden. In diesem Sinne: Auch wenn Ihnen die Arbeit, die damit verbunden ist, jetzt schwer erscheinen mag, stellen Sie sich vor, wie Sie sich später fühlen werden - wenn Sie erstmal in der Lage waren, das, was Sie wissen, auf Ihren eigenen Geist anzuwenden. Die Übernahme der Verantwortung für Ihr ganzes Selbst, indem Sie die Kontrolle über die inneren Abläufe Ihres komplexen Verstandes übernehmen, ist ein ermächtigender Akt, und Sie werden stolz darauf sein, dass Sie ihn unternommen haben.

Im Rahmen des OMNI-Experiments wurden in 22 Fällen luzide Träume zur Heilung von Albträumen eingesetzt, was 25 % der Gesamtstichprobe entspricht. Dies zeigt uns, dass der erlebte Bewusstseinszustand eine echte Kraft hat, insbesondere wenn der Träumende sein Selbstbewusstsein und seine Fähigkeit zum luziden Träumen entwickelt hat.

Wie ich bereits gesagt habe, hängen Ihre Fähigkeiten ganz von Ihnen ab. Wie Sie aus dem, was Sie gelesen haben, ersehen können, spielen Ihre Methodik und Ihr Engagement eine große Rolle dabei, Luzidität zu erlangen und hartnäckige Probleme wie Albträume und wiederkehrende Traumlähmung anzugehen - wir wollen dabei natürlich nur die negativen Aspekte beseitigen!

Halten Sie Ihr Traumtagebuch bereit! In unserem nächsten Kapitel geht es darum, was zu tun ist, wenn Sie aus Ihren luziden Träumen erwachen. Bereiten Sie sich aber auch darauf vor, mehr über häufige Symbole und Zeichen in luziden Träumen zu lesen und darüber, wie Sie diese effektiv interpretieren können.

Kapitel 14: Aufwachen (und dem Ganzen einen Sinn geben)

Wir alle sind schonmal irgendwann in unserem Leben aus Träumen erwacht und haben uns gefragt: „Was zum Teufel war das?"

Und das ist eine berechtigte Frage! Oft ergeben unsere Träume nicht viel Sinn - zumindest nicht für unser Wachbewusstsein.

Wir werden also einige Möglichkeiten kennenlernen, die uns dabei helfen, uns zu erden, wenn wir aus dem REM-Schlaf auftauchen, damit wir mehr von unseren luziden Träumen behalten können. Darüber hinaus werden wir einige der häufigsten Symbole in Träumen durchgehen. Diese werden Ihnen nicht nur bei Ihren Interpretationsbemühungen helfen, sondern auch innerhalb des Traumraums behilflich sein. Diese Symbole zu erkennen und sie mit Ihren Erfahrungen im Wachleben in Verbindung zu bringen, ist ein kraftvoller Weg zur Heilung und Lösung noch offener, unterbewusster Angelegenheiten.

Erdung

Sich auf den Moment des Aufwachens vorzubereiten, ist eine Frage der Vorbereitung. So wie man sich auf das luzide Träumen vorbereitet, so bereitet man sich auch auf das Aufwachen vor.

Ein wichtiger Teil dieses Prozesses liegt auf Ihrem Nachttisch - Ihr Traumtagebuch. Wenn Sie dieses Buch in Ihrer Nähe aufbewahren und einen Stift zur Hand haben, können Sie Ihre Träume aufzeichnen, solange sie noch frisch in Ihrem Kopf sind. Allein die physische Handlung des Schreibens konkretisiert Ihre Absicht, sich so detailliert wie möglich an Ihre Träume zu erinnern. Dies ist Ihre erste Aufgabe des Tages, und je öfter Sie dies tun, desto mehr Wert wird dieser Prozess für Sie haben - und desto wahrscheinlicher werden Sie sich an Ihre Träume im Detail erinnern.

Fügen Sie dem Tagebuch eine Absichtserklärung hinzu, schwören Sie, sich an detaillierte Merkmale Ihrer Träume zu erinnern. Sagen Sie so etwas wie: „Ich werde mich an alles erinnern. Ich werde mich an alles im Detail erinnern." Wie bei der Realitätsprüfung (Träume ich?) fixiert eine Aussage darüber, was Sie zu tun beabsichtigen, die Idee in Ihrem Geist. Wenn Sie die Frage zum Realitätstest wiederholen, wiederholen Sie aus demselben Grund auch die Aussage zur Konkretisierung der Absicht. Wenn die Absicht mächtig ist, dann ist die explizit geäußerte Absicht sogar noch mächtiger.

Aber es gibt noch viel mehr, was Sie tun können, um Ihre morgendliche Erinnerung an Ihre Traumlandschaft zu festigen. Eine weitere Möglichkeit besteht darin, dafür zu sorgen, dass Sie Ihren Schlafbereich so einladend wie möglich gestalten, um Ihre Ziele zu erreichen. Haben Sie das getan? Haben Sie sich vergewissert, dass Ihr Schlafzimmer so komfortabel und emotional stimulierend wie möglich ist? Wenn Sie diesen Schritt bisher übersprungen haben, hoffe ich, dass Sie Ihre Entscheidung and dieser Stelle noch einmal überdenken werden.

Und *Sie sollten* es sich noch einmal überlegen, denn das Ambiente und der Komfort ehren Sie und die Träume, die Sie haben werden. Es gibt nichts „Narzisstisches" an Selbstpflege oder Komfort. Beides sind in der Tat wichtige menschliche Bedürfnisse. Wir alle brauchen diese Dinge, und wir brauchen sie wahrscheinlich noch mehr, wenn wir luzide träumen wollen.

Auch wenn Sie vielleicht denken, dass Ihr Schlafplatz in Bezug auf das Projekt des luziden Träumens unwichtig ist, könnte nichts weiter von der Wahrheit entfernt sein. Also, gönnen Sie sich zumindest ein hübsches Kissen und ein Räucherstäbchen? Kann ich Sie zumindest dazu verleiten?

Denn eine weitere Praxis, die es Ihnen erleichtern kann, sich an Ihre luziden Träume zu erinnern und diesen einen Sinn zu geben – wie etwa die Meditation oder Entspannung -, ist die Suche nach Ihrem spirituellen Gleichgewicht im Wachbewusstsein direkt vor dem Schlafengehen. Wenn das allerdings nicht Ihr Stil ist, sollten Sie vielleicht ein heißes Bad nehmen. Zünden Sie eine Kerze an! Schwelgen Sie träge in der ruhigen Atmosphäre. Ehe Sie sich versehen, sind Sie eingeschlafen, nachdem Sie ein entspannendes Bad genutzt haben, um Ihren Geist auf das luzide Träumen vorzubereiten. Ein wenig Vergnügen ist ein wunderbares Vorspiel für das luzide Träumen, das für einige Praktizierende gut funktioniert.

Ein weiteres Schlüsselelement, um sich ausreichend zu erden, um von Ihren Träumen zu profitieren und sich klar an sie zu erinnern, ist der Realitätstest. Alle Realitätstests, über die Sie vorhin schon einiger gelesen haben, sind lohnend, und inzwischen haben Sie sich wahrscheinlich schon einige Favoriten ausgeguckt. Verwenden Sie sie regelmäßig im Laufe Ihres Tages. Je öfter Sie die Realitätstests anwenden, desto mehr wird Ihr Gehirn die Frage erkennen und ihren Zweck verstehen. Dadurch werden Sie viel besser auf den Inhalt Ihrer Träume eingestimmt, da Sie Ihr Gehirn darauf trainieren, zu erkennen, was Sie tun, um Luzidität zu erreichen. Sie machen es zu einem aktiven Projektpartner.

Um sich auf die Luzidität vorzubereiten und ihre Gaben abzurufen, ist zumindest ein Grundwissen über Traumsymbole erforderlich. Ich möchte Sie ermutigen, im Internet nach Informationen zu suchen und diese mit Ihren Traumerfahrungen zu vergleichen, um die wahre Bedeutung der Traumzeichen und Symbole zu erkennen. Im nächsten Abschnitt werden wir einige der häufigsten Symbole und ihre Bedeutungen besprechen.

Häufige Traumsymbole

Wir befinden uns nun wieder im Land des kollektiven Unbewussten und seiner geheimnisvollen Präsenz im menschlichen Geist. Auch Traumsymbole wie Jung'sche Archetypen und schamanische Praktiken befinden sich in diesem unbekannten Land, das wir gerade erst zu verstehen beginnen. In diesem Land gibt es einen riesigen Vorrat an spannenden Erfahrungen und Informationen, die praktisch für jeden Menschen, der das Alter der Vernunft erreicht hat, bekannt und verständlich sind.

Wenn wir über Traumsymbole sprechen, sollten Sie daran denken, dass sie Ihnen die Bedeutung Ihrer Träume nicht von sich aus verraten. Sie sind Anhaltspunkte, und die Bedeutung ihrer Erscheinung kann für jeden Träumer anders sein. Im Allgemeinen haben sie dieselbe Bedeutung, aber diese Bedeutung kann in einem persönlichen Kontext eine andere Verkleidung oder Bedeutungsschicht annehmen.

Ein Traum ist wie ein Zauberwürfel, den man drehen und wenden kann, ohne ihn ganz zu verstehen. Aber was wir aus unseren Träumen mitnehmen, wenn wir sie interpretieren, ist ausnahmslos die Selbsterkenntnis. Es gibt nichts, was uns vertrauter ist als unser eigener Körper. Die Rolle des Geistes in diesem Körper wird von so vielen Menschen unterschätzt, die von einer engeren Beziehung zu ihm so sehr profitieren könnten. Das ist einer der Gründe, warum ich unbedingt weitergeben möchte, was ich über das luzide Träumen gelernt habe. In dem metaphorischen Zauberwürfel, mit dem sich alle Träume vergleichen lassen, bergen luzide Träume ein einzigartiges Potenzial, mit dem wir uns selbst vollständiger und fruchtbarer zu erkennen vermögen. Und Traumsymbole sind einer der stärksten Gründe dafür, da sie je nach dem Kontext, in dem sie auftauchen, mehrere Interpretationsmöglichkeiten in sich bergen. Da sie uns allen gemein sind und dennoch an unserer endlosen emotionalen, intellektuellen und spirituellen Vielfalt teilhaben, sind diese Symbole für luzide Träumer von enormem Wert.

Zähne

Ganz oben auf der Liste der „Greatest Hits" der Traumsymbole stehen Zähne: ausfallende Zähne, Zähne die beißen, ein schwebendes perlweißes Lächeln, Zähne an verschiedenen Stellen – einfach eine Menge Zähne.

Das Ausfallen von Zähnen ist die häufigste Erscheinung von Zähnen im Traum. Das kann für Träumer ein wenig beunruhigend sein. Aber in Träumen über Zähne (es sei denn, Sie waren häufig beim Zahnarzt) geht es normalerweise gar nicht wirklich um Zähne.

Träume über Zähne haben mit Kommunikation zu tun. Träume von Zähnen deuten im Allgemeinen darauf hin, dass der Träumende das Gefühl hat, von Menschen, die ihm wichtig sind, nicht gehört zu werden. Da das Symbol auf ein Gespräch hindeutet, könnte der Träumende Probleme mit seinem Selbstvertrauen haben, die angegangen werden müssen. Es kann auch sein, dass der Träumende in Gegenwart von Menschen, vor denen er Ehrfurcht hat oder die ihn in irgendeiner Weise einschüchtern, zurückhaltend ist.

Wenn Sie von Zähnen träumen, prüfen Sie sich selbst ehrlich. Fragen Sie sich, ob Sie in letzter Zeit nicht vielleicht oft das Gefühl hatten, den Kürzeren zu ziehen. Ein Traum von Zähnen kann Ihnen suggerieren, dass Sie sich durchsetzen müssen.

Schule

Das Symbol der Schule ist ein weiteres beliebtes Beispiel der Bilder, die häufig in Träumen vorkommen. Ich habe schon oft von der Schule geträumt.

Dieses Symbol steht für eine Lebenslektion - normalerweise diejenige, die Sie gerade lernen, wenn Sie ihr im Traum begegnen. Beim Lesen dieses Traums geht es darum, zu verstehen, wie er sich auf die Vergangenheit bezieht, wie die Vergangenheit in jedem Tag präsent ist und wie die Vergangenheit die Zukunft beeinflusst.

Die meisten Schulträume zeigen den Träumenden im Zusammenhang mit seinem früheren akademischen Leben, sei es im Kindergarten oder an der Universität. Der Träumende findet sich quasi an seiner alten Alma Mater wieder. Manchmal entsprechen die Traumfiguren den alten Schulkameraden, oft aber auch nicht. In meinen Träumen spricht niemand mit mir auf dem Flur, während ich vergeblich nach meiner Klasse suche. Ich habe meine Bücher nicht dabei!

Mein persönlicher Traum über dieses Symbol ist zu Zeiten in meinem Leben aufgetreten, in denen ich Turbulenzen oder Enttäuschungen erlebt habe. Ich war gezwungen, aus diesen Zeiten und Ereignissen zu lernen und sie in Wissen umzuwandeln, um meine Zukunft zu gestalten. Das ist die Rolle des Schulsymbols - es soll Sie dazu anspornen, weiter vorwärts zu stolpern, während Sie die Lektion lernen, die das Leben Ihnen stellt. Es soll Sie daran erinnern, was Sie bereits gelernt haben und wichtige Erkenntnisse neu lehren, genauso wie es die Schule bei Ihnen als Kind, als Jugendlicher oder als junger Erwachsener versucht hat.

Der Kontext, in dem das Schulsymbol in Ihrem Traum erscheint, wird Sie zu einem besseren Verständnis der Lektion führen, die Sie gerade lernen sollen.

Haus oder Wohnung

Ich habe oft von diesem Symbol geträumt, sogar mit einigen wiederkehrenden Träumen zu diesem Thema. Bei dem Haus-Symbol geht es darum, wer man in einem viel tieferen Sinne als dem oberflächlichen Sinne ist. Das Haus steht für Ihre Bestimmung, aber das Symbol hat noch andere Bedeutungen, die jeweils durch verschiedene Räume des Hauses verkörpert werden. Ein leeres Haus oder eine leere Wohnung hat eine weitere Bedeutung, nämlich die der persönlichen Unsicherheit, sei es in finanzieller oder zwischenmenschlicher Hinsicht. Andererseits kann dieses Symbol auch für Fortschritt oder

Transformation stehen.

Ein verlassenes oder leerstehendes Haus oder eine Wohnung in schlechtem Zustand und mit großem Renovierungsbedarf ist ein Zeichen für Unordnung im eigenen Leben und für ein inneres Chaos. Diesem Traumsymbol sollte man besondere Aufmerksamkeit schenken, da das Thema „Renovierung" dem Haus-/Wohnungssymbol zugrunde liegt.

Das Dachgeschoss eines Hauses ist ein Symbol für Ihren Intellekt und Ihre höchsten Bestrebungen und Berufungen. Der Keller ist Ihr Unterbewusstsein, das in der Dunkelheit verborgen ist, aber für diejenigen zugänglich ist, die nach seinem düsteren Inhalt suchen. Dies sind offensichtliche Interpretationen dieser Bereiche eines Hauses.

Ein Traum, in dem plötzlich Wasser in Ihrem Haus oder Ihrer Wohnung aufsteigt, ist ein weiterer Traum, den Sie genau unter die Lupe nehmen sollten. Dieser Traum offenbart Ihnen das unterbewusste Gefühl, emotional überwältigt zu sein - in Emotionen zu ertrinken, die Sie nicht bewältigen können. Dies ist ein Weckruf, Ihren Gefühlen mehr Aufmerksamkeit zu schenken, sie zu benennen und sie anzuerkennen.

Aber nicht nur das Symbol selbst, sondern auch Elemente der Räume im Haus, die Art des Hauses, die Umgebung und der persönliche emotionale Gehalt haben eine Bedeutung, ebenso wie die Einrichtung, die Traumfiguren und andere potenzielle symbolische Faktoren.

Natürlich können wir dieses Symbol nicht erwähnen, ohne auch die Bedeutung des Zuhauses für den wachen Geist anzuerkennen - den Kern unserer Entwicklung als Menschen. Es ist immer das Haus der Familie, wenn es in Ihren Träumen erscheint. Wenn Ihre Familie oft umgezogen ist, steht das Haus, das Sie sehen, normalerweise für ein bedeutsames Ereignis in Ihrem Leben. In diesen Ereignissen werden Sie die Deutung finden. Wer ist anwesend? Was ist die Jahreszeit? Wenn die Vergangenheit zu Besuch kommt, geht es meist um etwas, das in der Gegenwart passiert. Der Traum bietet Ihnen eine historische Entsprechung, d. h. Hinweise darauf, wie Sie in der Gegenwart vorgehen oder ein Problem angehen sollten.

Zum Abschluss dieses Kapitels sehen wir uns häufige Traumsymbole an, die ein starkes Drängen Ihres Unterbewusstseins darstellen, und zeigen, dass sich etwas ändern muss. Diese Symbole sollten nicht ignoriert werden. Es handelt sich um Warnzeichen, die aus einem guten Grund zu Ihnen durchdringen.

Fliegen

Das Fliegen in einem Traum ist ein weiteres Symbol mit vielen Bedeutungen. In meinen eigenen Träumen, sowohl in luziden als auch in konventionellen, bin ich oft geflogen. Ich bin in der Tat ein wahrer Vielflieger! In der Regel geht es darum, vor etwas wegzufliegen, das mich verfolgt. In meinem Fall scheinen diese Träume damit zu tun zu haben, dass ich überwältigt bin oder mehr Autonomie brauche. Das Gefühl des Fliegens hat für mich persönlich mit meiner Unabhängigkeit zu tun und mit der Fähigkeit, die Dinge zu tun, die ich brauche und tun möchte, ohne gestört zu werden. Ich hatte viele solcher Träume, als ich in einer nicht sehr nährenden Ehe lebte.

Sigmund Freud, der offenbar vom männlichen Glied besessen war, glaubte, dass es in Flugträumen darum ging, „der Schwerkraft zu trotzen" (Sie können sich an dieser Stelle jede beliebige Anspielung dazu denken). Freud glaubte auch, dass Flugträume eine Männersache seien. Bei einem Mann seiner Zeit ist das aber fast zu erwarten.

Heute wissen wir es besser. Wir wissen, dass viele Frauen vom Fliegen träumen (wie ich) und dass unsere Träume nichts mit dem zu tun haben, was Herr Freud glaubte. Freud selbst sagte: „Manchmal ist eine Zigarre nur eine Zigarre", und das ist hier nun mal auch der Fall. In diesem Fall - dem Fliegen - ist die Zigarre für viele von uns nicht im Spiel, aus schmerzlich offensichtlichen Gründen.

Das Fliegen ist eines der faszinierendsten Merkmale luzider Träume. Ein Grund dafür ist die unnatürliche Natur des menschlichen Fluges. Fragen Sie einfach Ikarus! Wir sind nicht dazu bestimmt, aus eigener Kraft zu fliegen. Wir brauchen ein Transportmittel, um die Herrlichkeit des Fliegens zu genießen. Das Fliegen in einem Traum ist also ein Hinweis auf unseren Bewusstseinszustand.

Das erste Mal, als ich einen luziden Traum hatte, habe ich mich in die Luft erhoben. Aber das war keine so einfache Traumaufgabe, wie Sie sich das vielleicht vorstellen, wenn Sie diesem Symbol noch nie begegnet sind. Vielmehr sah mein Verstand ein Bedürfnis zu fliegen, das durch einen bedrohlichen Umstand ausgelöst wurde. Sobald dieses Bedürfnis erkannt war, begann ich zu rennen, denn ich wusste, dass ich abheben und fliegen würde, wenn ich schnell genug rannte. Bei den ersten Malen, als ich das tat, brach mein wacher Verstand durch und weckte mich, als er erkannte, dass das Fliegen für mich eigentlich unmöglich war. Aber mit der Zeit hatte ich mehr Kontrolle über die Stabilität meiner Träume und hob automatisch ab, ohne dass ich rennen musste, um Schwung zu holen.

Um Ihre Flugträume zu verstehen, müssen Sie zunächst feststellen, was Sie im Traum genau sehen. Ist der Himmel blau und klar? Was liegt unter Ihnen? Ist die Landschaft karg oder brennend? All die kleinen Details in fliegenden Träumen helfen Ihnen, sie direkt mit Ihrer Erfahrung im Wachzustand in Verbindung zu bringen. Und das ist die wahre Kunst des luziden Träumens - den Traum im Zusammenhang mit Ihrem Leben zu verstehen.

Die häufigste Deutung von Flugträumen ist der Wunsch des Menschen, einen Umstand zu überwinden und sich von ihm zu befreien. Das kann so viel bedeuten wie der Akt des Fliegens selbst. Nehmen Sie sich also Zeit und schreiben Sie jedes Detail, an das Sie sich erinnern können, in Ihr Traumtagebuch, und auch die Gefühle, die Sie dabei empfinden.

Lebendig begraben sein

Wie der Traum vom Fliegen verlangt auch der Traum vom lebendig begraben sein, dass Sie aufstehen und eine Bestandsaufnahme dessen vornehmen, was in Ihrem Leben vor sich geht; die Details solcher Träume können Sie, wie gesagt, zu Lösungen führen, die Sie vielleicht sonst ignorieren würden. Wir alle haben Angst vor Veränderungen, aber es ist an der Zeit, Lösungen anzunehmen, wenn wir Träume wie diesen haben.

Hassen Sie Ihren Job? Wie sieht es mit Ihrem Partner aus? Gibt es Ärger im Paradies?

Alle Dinge haben ihre Zeit. Alles in unserem Leben wird sich immer wieder verändern, denn das liegt in der Natur des Lebens. Wir können diese Veränderungen steuern, indem wir sie bei Bedarf einleiten, oder wir können aus Angst zögern und sie uns von anderen aufzwingen lassen.

Das Leben ist unbeständig. Nichts währt ewig, auch wir nicht. Und der Traum, lebendig begraben zu sein, ist ein Warnsignal. Er sagt uns, dass wir weitergehen müssen, dass wir unseren Mut zusammennehmen und uns von dem lösen müssen, was unser Potenzial und/oder unseren Geist unterdrückt, und dass wir die Veränderungen akzeptieren müssen, die uns davon befreien werden.

Haben Sie keine Angst. Ignorieren Sie diesen Traum nicht und stellen Sie ihn sorgfältig in einen Zusammenhang mit Ihrer Lebenssituation. Seien Sie sich sicher, dass Sie sich der Bereiche bewusst sind, die Sie vielleicht zu lange vor sich hergeschoben haben, wie z.B. ein gesundheitliches Problem, eine unglückliche Beziehung oder eine inakzeptable Arbeitssituation.

Fallen

Wenn Sie von einem Sturz träumen, sei es aus großer Höhe oder eine Treppe hinunter, signalisiert dies Unsicherheit und ein tief verwurzeltes Gefühl der Unterlegenheit, das Ihre Fähigkeit, optimal zu funktionieren, beeinträchtigt.

Fallträume treten gewöhnlich auf, wenn wir das Gefühl haben, dass wir in irgendeiner Weise nicht auf festen Füßen stehen. Vielleicht fürchten wir den Verlust des Arbeitsplatzes, das Scheitern einer Beziehung oder eine gesundheitliche Störung. Aber was auch immer uns plagt, wir müssen Träumen vom Fallen ernsthaft Beachtung schenken. Wie bei Träumen vom Fliegen und lebendig begraben werden, ist dieses Symbol ein Warnsignal, das uns auf eine Situation aufmerksam macht, die wir vorantreiben und lösen müssen.

Ein weiterer Aspekt des Traumsymbols des „Fallens" ist die Neigung der Menschen, alte Wunden zu nähren. Wir alle tun das. Es gibt Lebensumstände und Traumata, von denen wir uns nur schwer trennen können. Sie sind fast wie alte Bekannte, da sie uns über die Jahre so vertraut geworden sind.

Das, woran wir festhalten, kann eine längst verlorene Liebe sein, ein Groll oder eine liebgewonnene Überzeugung, von der wir wissen, dass sie für uns nicht mehr gilt, an der wir aber dennoch festhalten, weil sie uns so vertraut ist. Ein Traum vom Fallen suggeriert Ihnen, dass Sie etwas loslassen müssen, um voranzukommen. Woran auch immer Sie festhalten, es ist eher ein Mühlstein oder ein wildes Tier, aber es kann Ihnen keine Sicherheit geben. Es belastet Sie, und das Symbol des Fallens macht Ihnen das im Traum klar.

Wie immer müssen der Kontext, die Gegenstände und die Personen in diesem Traum (auch wenn es vielleicht keine oder nur wenige von ihnen gibt) sorgfältig untersucht werden, damit wir verstehen, was der Traum uns sagen will. Aber Ihre Ehrlichkeit in Bezug auf Ihr gegenwärtiges Leben ist der wahre Schlüssel. Sie wissen bereits, warum Sie diesen Traum hatten, aber Sie müssen die Interpretationsschritte durcharbeiten, um zur Versöhnung und schließlich zur Beseitigung der Blockade zu gelangen.

Der Traum vom Fallen lässt Sie wissen, dass es an der Zeit ist, mit leichtem Gepäck zu reisen und Ihre Sorgen loszulassen.

In unserem nächsten Kapitel werden wir über luzide Kunst und Schreiben sprechen und darüber, wie luzides Träumen die Kreativität steigern und die von Ihnen gewählte kreative Form des Gefühlsausdrucks auf die nächste Stufe heben kann.

Kapitel 15: Luzide Kunst und Literarisches Schaffen

Die Kreativität ist ein geschätzter Bestandteil des Mensch-Tieres. Wir alle tragen etwas davon in uns, manche mehr als andere, und dann gibt es noch die wenigen unter uns, die kreative Genies sind.

Nicht alle Kreativität hat mit Kunst oder einer ihrer vielen Unterarten, wie beispielsweise dem kreativen Schreiben, zu tun. Die Literatur ist eine eigene Kunstform, genau wie das Tanzen oder das Schreiben von Computercode. Politik und die damit einhergehende Rhetorik ist Kunst. Das Entwerfen eines Gebäudes, eines Kleides oder einer computergenerierten Grafik ist Kunst. Ich nehme also an, dass ich den Begriff für unsere Zwecke noch genauer definieren sollte.

Definieren wir das Wort Kunst als „das Schaffen von Darstellungen in einer Vielzahl von Medien und Formaten". Sichtbare Kunst, die mit Feder, Tinte, Bleistift, Kohle, Tinte, Wasser-, Öl- oder Acrylfarben kreiert wird, ist also unsere gemeinsame Definition, zumindest für die Zwecke dieses Buches.

In diesem Kapitel werden wir erörtern, wie wir mit Hilfe von Dr. Clare Johnson, die ihre Doktorarbeit über das Schreiben während des luziden Träumens geschrieben hat, innerhalb der Traumwelt erschaffen können. Dr. Johnson leitet heute eine Reihe von Seminaren, die die Teilnehmer zur Luzidität und ihrer transformativen Kraft führen. Leser, die lernen möchten, wie man mit Albträumen umgeht, werden Johnsons Buch zu diesem Thema mit dem Titel *The Art of Transforming Nightmares* (Die

Kunst, Albträume zu verwandeln) sehr zu schätzen wissen.

Die verborgene Quelle

Wie ich bereits gesagt habe, sind wir alle kreativ. Ob wir das nun glauben oder nicht, die Kreativität des menschlichen Wesens ist grenzenlos. Wir haben als Spezies mithilfe der Kunst unglaubliche Fortschritte gemacht, um die Menschheit zu verbessern, z. B. in der Medizin, der Technologie und der Psychologie. Wir haben komplexe politische Systeme und religiöse Ideologien entwickelt, und all diese Innovationen sind das Ergebnis menschlicher Kreativität, im Guten wie im Schlechten.

In uns allen steckt eine enorme Quelle der Kreativität, die in unserem Unterbewusstsein verborgen ist. In dieser grenzenlosen, verborgenen Quelle schlummert der Mut, den uns unser bewusster Verstand oft verwehrt - der Mut, unsere einzigartigen Visionen auf so vielfältige Weise zu verwirklichen, wie wir Menschen es tun.

Viel zu viele von uns schränken sich in ihrer Kreativität ein, weil man uns gesagt hat, wir müssten uns der gesellschaftlichen Norm anpassen, wenn wir erfolgreich sein und unser volles Potenzial als Menschen erreichen wollen. Man sagt uns, dass unsere Ideen verrückt seien, dass unsere Kreationen hässlich seien und dass wir kein Talent hätten. Und wir nehmen uns diese negativen Ansichten zu Herzen und setzen unsere angeborene Kreativität zugunsten der Sichtweise anderer aufs Spiel.

Diese selbstzerstörerische Tendenz ist viel verbreiteter, als man denkt. Das luzide Träumen bietet uns jedoch eine Möglichkeit, die Kreativität, die wir fast gänzlich vergessen haben, wiederzuerlangen und neu zu beleben. Sie schlummert noch immer in Ihnen, vergraben unter all den negativen Nachrichten und der Entmutigung liegt diese Quelle der Inspiration noch immer verborgen, und luzides Träumen kann uns helfen, sie zu erreichen und wieder aus ihr zu schöpfen.

Luzides Schreiben

Eine der wichtigsten Erkenntnisse von Dr. Johnson in ihrer Doktorarbeit *The Role of Lucid Dreaming in the Creative Writing Process* (Die Rolle des luziden Träumens im kreativen Schreibprozess) war, dass der Prozess des luziden Schreibens schon im Wachbewusstsein und in der Annäherung des Träumers an das Schreiben beginnt.

Dr. Johnson begann 2005, Luzides Schreiben zu unterrichten. Sie entdeckte, dass der Schreibprozess beim luziden Träumen einen deutlichen Kreativitätsschub erfährt. Dieser Antrieb (der Beitrag des Unterbewusstseins) brachte auch originelle Ideen hervor, die direkt aus dem luziden Bewusstseinszustand entsprangen. Dr. Johnson adaptierte dieses Phänomen, mit dem Wissen, das sie durch Ihre Forschung gewonnen hatte, als Ansatz für die Vermeidung von Albträumen.

Luzides Schreiben entsteht durch eine Veränderung der Bilder, die unser Unterbewusstsein erzeugt. Kreativität ist nicht die einzige Quelle in der Schatzkammer des Unterbewusstseins. Diese beherbergt außerdem auch die Quelle der Blockaden, die uns im Leben zurückhalten, wie beispielsweise die Angst vor dem schlimmsten Fall und die Erwartung des schlimmstmöglichen Ergebnisses. Dies ist die Quelle, aus der Neurosen und performatives Opferverhalten stammen.

Kreatives Schreiben befreit uns von diesen verborgenen Feinden und setzt die frei fließende kreative Energie frei, die wir als Kinder in uns trugen. Beim luziden Träumen wird das Fantastische als das akzeptiert, was es ist. Während unser Gehirn uns sagt, dass wir träumen, sind das Fantastische und das Unerhörte in luziden Träumen wie geschaffen für den kreativen Schriftsteller. Im luziden Traum gibt es kein Urteil. Es gibt nur die Inhalte der Quelle der Kreativität, die aus dem Unterbewusstsein explodieren, wenn wir uns mit ihr verbinden.

Die Methode

Dr. Johnsons persönliche Erfahrung mit luzidem Schreiben ist beeindruckend. Als ihr eigenes produktivstes Thema entdeckte Dr. Johnson eine Fülle ungezügelter, ungezwungener Inspiration in dem, was sie „die Zone" nennt.

Ihre Methode ist einfach. Halten Sie Papier und Stift bereit, schließen Sie Ihre Augen und entspannen Sie Ihre Atmung. Wählen Sie einen besonders lebhaften luziden Traum aus Ihrem Repertoire. Erinnern Sie sich an alle Details aus dem Traum, einschließlich des emotionalen Inhalts, der Informationen über die Symbole, denen Sie in dem Traum begegnet sind, und der Traumfiguren. Erzählen Sie sich die Geschichte noch einmal und visualisieren Sie den Traum erneut (wie einen Film in Ihrem Kopf).

Dieser Prozess sollte eine ähnliche intellektuelle Atmosphäre erzeugen wie die Luzidität, bei der die Bilder unabhängig vom Grund des Traums, an den Sie sich erinnern, zu fließen beginnen.

Die Gedanken und Gefühle (und sogar die Objekte), die Sie im luziden Zustand erleben, verändern sich rasch. Sie verwandeln sich in andere Gedanken und Gefühle, bauen auf den vorherigen auf und bewegen sich in unerwartete Richtungen. Auch die Bilder werden sich verändern. Halten Sie nicht an einer ursprünglichen Version fest. Lassen Sie sie gehen. Erlauben Sie dem Traum, sich in das zu verwandeln, was er sein will, und dann in das, was er danach sein will, und so weiter.

Im Laufe dieses Prozesses müssen Sie aufschreiben, was Sie sehen, denken und fühlen. Schreiben Sie jedes Detail, das Ihnen einfällt, so schnell wie möglich auf. Halten Sie so viel wie möglich von dem fest, was Sie erleben. Auch wenn das, was Sie schreiben, keinen perfekten Sinn ergibt, ist das nicht der Punkt. Was Sie beschreiben, ist eine Erfahrung in Echtzeit. Sie schaffen einen Rahmen für den Inhalt des Traums, dem Sie später Wände, Türen, Fenster, Sanitäranlagen und Klimaanlagen hinzufügen werden.

Wenn Sie ein Schriftsteller sind, wissen Sie, dass Ihnen häufig verstreute Idee zu etwas kommen, an dem Sie gerade arbeiten oder das Sie planen. Diese verirrten Ideen können sogar die Grundlage für ein ganzes Buch bilden!

Was Sie im Zustand des luziden Wachtraums schreiben (der laut Dr. Johnson einzigartig ist und an der Peripherie des luziden Träumens liegt), mag seltsam erscheinen, aber beurteilen Sie es nicht zu streng. Schreiben Sie es einfach auf, lesen Sie es sich anschließend durch, und Sie werden feststellen, dass das, was Sie geschrieben haben, viel weniger „merkwürdig" ist, als Sie geglaubt haben. Ihre Aufgabe ist es, während des Schreibens darauf aufzubauen, und zwar mit genau demselben kreativen Prozess, den Sie mit den verstreuten Ideen, über die wir gerade gesprochen haben, durchgeführt haben - Ideen in ihrem Rohzustand. Johnson bezeichnet diese Technik als „die Trance des Schriftstellers".

Ihr innerer Rembrandt

Dr. Johnsons Vortrag auf der PsiberDreaming-Konferenz der International Association of the Study of Dreams im Jahr 2011 bietet eine Alternative für alle, die auf der Suche nach ihrem inneren Künstler sind.

Viele von uns haben vielleicht den Wunsch, kunstvolle Werke zu erschaffen, aber wir fürchten die Herausforderungen und zweifeln an unserer Fähigkeit, dazu in der Lage zu sein, Kunst zu schaffen. Es gibt ein Element des Schaffens für den öffentlichen Konsum, das aufgrund seiner selbstoffenbarenden Natur erschreckend ist. Es gibt keine Kreativität, die nicht in irgendeiner Weise eine Reaktion hervorruft. Wir fürchten lediglich die negative Reaktion. Wir wissen aus Erfahrung, dass sie die Macht hat, uns auf unserem kreativen Weg aus der Bahn zu werfen.

Temporäre Kunst ist eine großartige Möglichkeit, mit der sich dieses Problem umgehen lässt, denn das, was Sie schaffen, ist flüchtig und nicht dauerhaft. Niemand außer Ihnen muss es sehen.

Fügen Sie einer Schale mit Sand einige Objekte hinzu, die einen kürzlich erlebten luziden Traum Ihrer Wahl darstellen. Wählen Sie Objekte, die sich auf Gegenstände im Traum beziehen oder für diese stehen - Möbel, Gebäude, Menschen, Traumsymbole und andere Merkmale Ihres Traums. Indem Sie Ihren Traum nachstellen, kommen Sie nicht nur in den Genuss einer weiteren Analyse, die vielleicht noch aufschlussreicher ist als das, was Sie in Ihr Traumtagebuch geschrieben haben, sondern Sie schaffen auch Kunst, die durch Ihre Träume entstanden ist.

Andere Medien für temporäre Kunst sind Knete oder eine Kratztafel, auf der Sie Dinge für eine bestimmte Zeit skizzieren können – beide sind speziell für die temporäre Kunst von Kindern gemacht. Und wenn das, was Sie geschaffen haben, Ihnen gefällt, können Sie jederzeit ein Foto machen. Wenn Sie sich trauen, könnten Sie Ihr Werk sogar auf Facebook posten, damit ein ausgewählter Kreis von Freunden es auch sehen kann. So kommen wir aus unseren kreativen Silos heraus - indem wir den Wert unserer eigenen Kreationen erkennen und sie erst mit einigen wenigen, dann mit mehr und dann mit noch mehr Menschen teilen.

Künstler, sowohl angehende als auch etablierte, finden im luziden Traumraum Enthemmung und Freiraum zum Experimentieren. Sie finden Inspiration und ganz besonders auch die Abwesenheit von Kritik - insbesondere ihrer eigenen!

Keine Kritik ist so sadistisch wie die, die kreativen Menschen entgegengebracht wird. Besonders innere Kritiker ist eine beharrliche Stimme im Kopf der Kreativen, die ständig an dem Künstler, dem Schriftsteller oder dem Rhetoriker nagt und ihnen sagt: „Du bist ein Hochstapler!"

Und das luzide Träumen bringt diese unangenehme und ätzende Stimme in unserem Kopf zum Schweigen und gibt uns die Freiheit, mit Farben, Worten und allem anderen, was wir zum Erschaffen benutzen wollen, wild um uns zu werfen.

Genauso wie Kinder in ihrer Kreativität aufblühen und sich nicht darum scheren, was andere von ihren Kreationen halten, können erwachsene Künstler und Kunstliebhaber im luziden Traumraum völlige Freiheit finden. Wenn Kinder sehr jung sind, schaffen sie Kunstwerke, die oft wenig Ähnlichkeit mit der Realität haben, was darauf hindeutet, dass sie sich in dieser Hinsicht nicht um Konformität kümmern. Dies ist der schöpferische Geist einiger der berühmtesten Künstler der Welt - derjenigen, die die vorherrschenden künstlerischen Weisheiten hinterfragen, auf den Kopf stellen und schließlich neu erfinden. Kindern ist es egal, wie die Dinge aussehen „sollten". Sie sehen sie aus ihrer eigenen, einzigartigen Perspektive und erzählen uns eine einzigartige künstlerische Geschichte.

Und das ist die naiv-kraftvolle Art von Kunst, die Sie durch das luzide Träumen erreichen können.

Luzides Träumen ist der beste Freund des Schöpfers

Egal, was Sie erschaffen, das luzide Träumen ist Ihr bester Freund. Denn beim luziden Träumen sind Sie in Kontakt mit den tiefsten Tiefen Ihres Wesens. All die kleinen Nuancen des Lebens können in luziden Träumen gefunden werden - Dinge, die Sie vergessen haben, vernachlässigte Teile von Ihnen selbst, das Potenzial, das in Ihrem Selbstbewusstsein verborgen ist - all das steht Ihnen in konventionellen Träumen zur Verfügung, wird aber in der Luzidität noch lebendiger und unmittelbarer.

Da das Unbewusste, das Ihnen im Wachbewusstsein normalerweise nicht zugänglich ist, Ihnen zur Verfügung steht, hat der Schöpfer unbegrenzten Zugang zu dessen Inhalten. Und diese Inhalte sind oft inspirierend und überraschend für diejenigen, die sich mit ihnen befassen.

Eine 2014 am Randolph-Macon College durchgeführte und anschließend in Impulse, einer Zeitschrift der Appalachia State Universität, veröffentlichte Studie untersuchte den Zusammenhang zwischen Kreativität und dem luziden Träumen.

In der Studie wurde vor dem Schlafengehen Autosuggestion eingesetzt, um die Wahrscheinlichkeit zu erhöhen, dass die Teilnehmer einen luziden Traum erlebten. Die Studienleiter schlugen vor, diesen Zeitraum für die weitere Forschung zu verlängern, um die Auswirkungen der

Autosuggestion auf das sukzessive Erreichen von Luzidität im Laufe der Zeit zu testen.

Die Studie bewertete die Teilnehmer nach dem Vorhandensein von konvergenter Kreativität (Anwendung von Logik - vorgelegte Fakten und Antworten/Lösungen) und divergenter Kreativität (Anwendung der Vorstellungskraft - eine Frage bringt Ideen/Lösungen hervor).

Die Studie kam zu dem Schluss, dass die Kreativität keine Voraussetzung für das luzide Träumen ist. Außerdem wurde festgestellt, dass von den beteiligten Teilnehmern nur einer das luzide Träumen erlernen konnte (nicht weiter verwunderlich, wenn man bedenkt, dass die Studiendauer nur knapp sieben Tage betrug). Es wurde auch festgestellt, dass das Alter der Teilnehmer einen Einfluss auf die Fähigkeit des Erlernens hatte.

Interessanterweise hatten die Forschungsleiter keine Verbindung zu den Gemeinschaften, die aus luziden Träumern bestehen und betrachteten das Thema daher rein sachlich vom Standpunkt der neurologischen Realitäten aus, die dabei mutmaßlich im Spiel sind.

Die Schlussfolgerung, zu der sie gelangten, ist, dass das Testen der Kognition und ihrer Funktionen den Weg zur Schaffung eines Rahmens für eine breitere Induktion des luziden Träumens weisen könnte. Für diejenigen, die luzides Träumen für schwer fassbar halten, ist dies eine hoffnungsvolle Nachricht. Das Fazit dieser Forscher war, dass Studien von längerer Dauer erforderlich seien, um feststellen zu können, wie Versuche und anschließendes Training zusammenwirken könnten, um den Zugang zum luziden Träumen zu verbessern. Eine weitere Schlussfolgerung war es, dass ähnliche, tiefer gehende Studien mehr Informationen über das subjektive Bewusstsein (unser Bewusstsein über unseren Bewusstseinszustand) liefern könnten.

Die Werte für die divergente (imaginative) Kreativität nahmen mit dem luziden Träumen deutlich zu, was die Auffassung der Forscher widerlegen könnte, dass Kreativität das luzide Träumen nicht erleichtern konnte. Das Gleiche gilt jedoch für die divergente (logische) Kreativität - luzide Träumer erzielten hier höhere Werte. Das Aggregat der beiden Kreativitätsarten zeigte also einen erheblichen Anstieg bei denjenigen, die während der Studie luzide Träume erlebten.

Auch hier ist es wichtig zu erwähnen, dass die Forscher kein persönliches Interesse an den Ergebnissen der Studie hatten. Aus diesem Grund habe ich die Ergebnisse dieser Studie mit in dieses Buch aufgenommen, denn es ist klar, dass sie der Gemeinschaft des luziden Träumens einige wichtige Informationen bieten. Wenn wir unsere persönlichen Meinungen aus dem Mix herausnehmen, ist die Kunst des luziden Träumens immer noch eine, die eine echte Chance für den kreativen Geist bietet, sei es auf der Basis von Fantasie oder Logik.

Das bedeutet, dass alle Kreativen (ob sie nun ein Meisterwerk malen oder ein neues Gesundheitssystem für die USA entwerfen) von der Luzidität profitieren können. Das luzide Träumen ist ein Freund derjenigen, die malen, schreiben, skulptieren, Städte planen oder Gesetze verfassen wollen, laut den Ergebnissen der Studie. Die Resultate dieser Studie sind zwar nicht spektakulär, sind aber durch die sachliche Herangehensweise von Forschern, die keine Verbindung zum luziden Träumen oder dessen Befürwortern haben, hoffnungsvoller zu bewerten.

Das ist ein Grund zum Aufhorchen.

Ihre kreative Reise

Unabhängig davon, welchen Bereich der Kreativität Sie mit dem luziden Träumen verbessern wollen, ob es sich um logisches oder imaginäres Träumen handelt, ist es zweifellos ein entscheidender Schritt auf Ihrem kreativen Weg der Selbstfindung.

Wie die oben beschriebene Studie zeigt, gibt es immer mehr Belege für weitere wissenschaftliche Untersuchungen darüber, wie luzides Träumen die Kreativität verbessert. Auch wenn die Ergebnisse nicht schlüssig sind, bleibt klar, dass es einen Effekt im Bereich des luziden Träumens gibt, der die Kreativität stark beeinflusst.

Wenn wir luzide träumen, packen wir die verborgene Fülle unseres Geistes und das, was in ihm schlummert, aus. Es steht außer Frage, dass der Inhalt unseres Unterbewusstseins wie ein Lagerhaus voller unbekannter Reichtümer ist. Die Fähigkeit, diese kreativen Reichtümer durch luzides Träumen zu erschließen, kann nur als Vorteil für Schöpfer gesehen werden.

Wie die Forscher als eines der Ergebnisse feststellten, unterstreicht diese kleine Studie die Notwendigkeit einer strengeren Kontrolle der Schlafeinstellungen im Spiel und der Ausbildung und Prüfung der beteiligten Probanden. Allein dieses Ergebnis ruft die Forschungsgemeinschaft auf den Plan und zeigt, dass sie mit einem strengeren Modell reagieren muss, das über einen längeren Zeitraum Daten erheben kann. Könnte eine Verlängerung des Zeitrahmens für

Autosuggestion, Training und Testung der Teilnehmer zu noch ermutigenderen Ergebnissen führen?

Das bleibt abzuwarten, aber nur diese Art von Forschung kann das klinische Profil des luziden Träumens als Unterstützung für das menschliche Leben in vielen Bereichen, von der Kreativität über den Aufbau von Nationen bis hin zu Beziehungen, erhöhen. Dabei sind die Möglichkeiten endlos.

In unserem letzten Kapitel werden wir einige Vorteile des luziden Träumens zusammenfassend betrachten. Diese Vorteile finden Sie hoffentlich zahlreich und überzeugend.

Kapitel 16: Verbessern Sie Ihr Leben mit luzidem Träumen

Bevor ich Sie verlasse, ist es wichtig, dass Sie wissen, was luzides Träumen für Ihr Leben und Ihr allgemeines Wohlbefinden tun kann. Wir haben nun, da sich das Buch dem Ende zuneigt, eine ganze Menge über dieses Thema gelesen, aber dieses Kapitel soll Sie daran erinnern, dass das luzide Träumen auch eine besondere Rolle bei der Verbesserung Ihrer Lebensqualität spielen kann.

Denken Sie daran: Das Erlernen des luziden Träumens ist ein Prozess und eine Reise. Für die meisten Menschen ist es mit einem gewissen Maß an Anstrengung verbunden. Wie Sie gelesen haben, muss Ihr Gehirn für das luzide Träumen trainiert werden, und das erfordert Ihren unerschütterlichen Einsatz, wenn Sie das Land der Luzidität erreichen wollen!

Nichts ist über Nacht, in einem Monat oder gar in einem Jahr erreicht worden. Luzides Träumen ist ein langfristiges Projekt, bei dem Sie der entscheidende Faktor sind. Ihre Hingabe und Ihre Bereitschaft zum luziden Träumen sind die entscheidende Voraussetzung für Ihren Erfolg. Seien Sie also bitte ehrlich zu sich selbst und stellen Sie sicher, dass Sie Ihren Bemühungen die nötige Zielstrebigkeit verleihen, um ans Ziel zu gelangen. Und wenn Sie erst einmal dort angekommen sind, werden Sie mit großer Wahrscheinlichkeit in den Genuss einiger Vorteile kommen. Auch hier müssen Sie darauf achten, dass Ihre Wachsamkeit gegenüber Veränderungen in Ihrem Denken und Verhalten, Ihr Engagement für

Veränderungen und Ihre Achtsamkeit auf dem Weg dorthin wichtige Faktoren sind, die dazu beitragen, dass Sie in den vollen Genuss dieser Vorteile kommen.

Angstzustände, Depressionen und Psychosen

Etwas mehr als 18 % der US-Bevölkerung leiden an einer Form von Angstzuständen. Das ist ein beträchtlicher Teil der Bevölkerung, der sich auf fast 40 Millionen Menschen beläuft, während über 16 Millionen an einer Form von Depression leiden. Psychosen sind zwar nur bei einem Bruchteil der Bevölkerung anzutreffen, stellen aber eine ernsthafte gesellschaftliche Herausforderung dar, da sie einen Geisteszustand darstellen, der dazu führt, dass sich der Betroffene in einer alternativen Realität verliert.

Aus vielen Gründen stellen diese drei Störungen eine Notlage für die öffentliche Gesundheit dar, neben all den damit einhergehenden Übeln wie Kriminalität, familiären Störungen, Produktivitätsverlusten und dem sozialen Schaden, der entsteht, wenn nicht alles mit uns Menschen ganz in Ordnung ist.

Eine Studie, die 2020 in der Zeitschrift Frontiers in Psychology erschien, ergab, dass luzides Träumen ein enormes Potenzial zur Verringerung von Angst und Depressionen habe und sich signifikant auf Albträume auswirke, die von Erkrankungen wie CPSTD/PTSD herrühren. Dies ist nicht überraschend, da die Studie über einen Zeitraum von knapp drei Monaten durchgeführt wurde - ein Bruchteil der Langzeitbehandlungsdauer von posttraumatischem Stress.

In der Studie Neurobiologie zu den klinischen Implikationen des luziden Träumens wurde die Rolle des luziden Träumens unter dem Gesichtspunkt der REM-Phase des Schlafzyklus untersucht. In diesem neurobiologischen Sinne hat die Psychose etwas mit dem REM-Schlaf gemeinsam, da beide subjektive Wahrnehmungen und die Abwesenheit von Rationalität zur Folge haben. Aber hier enden die Parallelen, denn die Psychose ist ein Zustand, in dem Träume (das Unterbewusstsein) in die Wachrealität eindringen und das Realitätsmodell, in dem die Person, die die Psychose erlebt, lebt, in Frage stellen. Das luzide Träumen ist ein spezifischer Bewusstseinszustand im Schlaf.

Bei allen in diesem Abschnitt genannten Erkrankungen kamen die Studienleiter jedoch zu dem Schluss, dass das luzide Träumen eine wirksame Ergänzung des psychotherapeutischen Instrumentariums darstellt, und auch zur Behandlung wiederkehrender Albträume geeignet ist.

Als Teil der Schlussfolgerungen der Studie wird die Bildliche Übungtherapie (IRT) vorgeschlagen (ohne erwähnt zu werden). Die Forscher nennen drei Möglichkeiten, wie das luzide Träumen Menschen mit psychischen Störungen wie Depressionen, Angstzuständen und Psychosen (und daraus resultierenden Albträumen) helfen kann:

- Durch das Aufwachen
- Durch die Rationalisierung, die den Eindruck des Ausmaßes der Bedrohung reduzieren kann (im Traumraum oder anderswo)
- Durch die Änderung des Inhaltes (!) des Alptraums/Traumes

Die Forschungsergebnisse der Studie sprechen eindeutig für eine strategische Erneuerung bei der Behandlung von Albträumen und den Störungen, die sie hervorrufen, sowie für eine Steigerung der Effizienz der Techniken zur Induktion luzider Träume.

Die Studie gibt auch Hoffnung für das Verständnis und die Behandlung von Psychosen mit Hilfe des luziden Träumens. Aufgrund des seltenen Status des luziden Träumens als einzigartiger Bewusstseinszustand glauben die Forscher, dass eine beschleunigte Untersuchung des Phänomens und die Erforschung seiner neurobiologischen Grundlagen neue Informationen über die Natur des Bewusstseins und dessen Störungen, die wir als psychische Erkrankungen bezeichnen, zutage fördern könnten.

Motorische Rehabilitation - Erlernen neuer Fertigkeiten

Wir haben schon früher in diesem Buch über die Macht der Visualisierung gesprochen und über die Tatsache, dass, wenn Sie sich vorstellen können, etwas zu tun, Sie nicht weit davon entfernt sind, es in Fleisch und Blut und in jedem anderen Medium zu tun, das in dem Szenario aktiv ist.

Diese wissenschaftliche Studie erkennt diese Wahrheit als Tatsache an. Sie kommt unter anderem zu dem Schluss, dass luzides Träumen das Potenzial hat, das Erlernen von Fähigkeiten, die Rehabilitation von motorischen Feinheiten und die sportliche Leistung zu verbessern.

Durch wiederholtes Vorstellen der Muskelkontraktion können neue Fertigkeiten (und die Verbesserung bestehender Fertigkeiten) erreicht werden, ohne dass man die eigentlichen Bewegungen ausführt oder die Gründe für ihre Ausführung kennt.

Diese Realität ist für körperlich behinderte Menschen sehr vielversprechend, denn sie bietet ihnen die Möglichkeit, im luziden Traumzustand motorische Fähigkeiten zu üben, die sie im Wachzustand dann hoffentlich anwenden können. So kann auch die Wirksamkeit des luziden Träumens zur Verringerung von Symptomen getestet werden, die die Mobilität und die Feinmotorik einschränken.

Ein zentrales Ergebnis dieser Studie ist für uns alle von großem Interesse. Während des luziden Traumes kam es beim Ausführen einer körperlichen Aufgabe oder beim Einüben von motorischen Fähigkeiten zu einer deutlichen Aktivitätsspitze im sensomotorischen Kortex des Gehirns. Dieser Effekt wird durch Neuroplastizität ermöglicht.

Das Gehirn kann sich selbst neu verdrahten, wenn es richtig stimuliert wird. Je öfter wir eine bestimmte Aufgabe erledigen, desto besser werden wir darin, die nötigen Bewegungen durchzuführen. Das ist die Bedeutung der Neuroplastizität: Übung macht den Meister. Das gilt für das Training von Sportarten ebenso wie für das Bedienen schwerer Maschinen oder das Tippen auf dem Computer. Das Gehirn stellt sich neu ein, wenn die Tätigkeit regelmäßig wiederholt wird.

Im luziden Geisteszustand ähnelt der Bewusstseinszustand mehr dem Wachzustand. Daher profitiert das Einüben von körperlichen Aktivitäten im Traum von einem verstärkten neuroplastischen Effekt, der bei Luzidität vorhanden ist.

Dies ist ein ermutigendes Ergebnis, das auf die enge Beziehung zwischen Geist und Körper zurückzuführen ist und davon, wie der Geist die Leistung körperlicher Aktivitäten beeinflusst, abhängt, selbst in einem rehabilitativen Rahmen oder bei der Suche nach einer verbesserten Leistungsfähigkeit.

Dieses Ergebnis zeigt uns auch, dass das luzide Träumen, mit der richtigen Absicht und der entsprechenden Vorbereitung, uns den Ort liefern kann, an dem man allein durch einfache, selbst erzeugte Bilder völlig neue körperliche Fähigkeiten erlernen kann. Sie wollen Skifahren lernen? Wie wäre es mit dem Flamenco-Tanzen? Jede motorische Fähigkeit, die Sie erlernen möchten, steht Ihnen zur Verfügung, solange Sie zunächst die Feinheiten des luziden Träumens erlernt haben. Laut dieser Studie steht einer solchen Lebensverbesserung nichts im Wege.

Gelassenheit und emotionale Kontrolle

Wenn Sie dieses Buch aufmerksam gelesen haben, werden Sie sehen, dass ich Ihnen zahlreiche Möglichkeiten aufgezeigt habe, mithilfe derer Sie das luzide Träumen als ein Mittel betrachten können, um an das heranzukommen, was mietfrei in Ihrem Unterbewusstsein hockt. Was auch immer das für Sie ist, das luzide Träumen bietet Ihnen einen geeigneten Rahmen, um eine sofortige Räumung zu fordern.

Das Unterbewusstsein wird beim luziden Träumen zu einer zugänglichen Informationsquelle. Wenn Sie Ihren Verstand kontrollieren lernen, lernen Sie gleichzeitig auch, Ihre Gefühle zu kontrollieren. Und die Kontrolle über Ihre Gefühle ist eine Säule der emotionalen Intelligenz.

Die Fähigkeit, sich zurückzuhalten, wenn man das Gefühl hat, aus dem Ruder zu laufen, ist eine begehrte Lebenskompetenz, die nur wenige von uns vorweisen können - und die meisten auch dann nicht zuverlässig. Die meisten von uns verlieren hier und da die Kontrolle über ihre Gefühle. Aber die Führungskräfte dieser Welt, die alle einen beneidenswert hohen EQ (ein Indikator für emotionale Intelligenz) aufweisen, wissen, dass Personen mit viel Verantwortung es sich nicht leisten können, ihre Emotionen offen zur Schau zu stellen. Sie leben uns stattdessen eine Eigenschaft vor, die man „Ausgeglichenheit" nennt.

Ausgeglichenheit beschreibt die Fähigkeit, die negativen Momente des Lebens zusammen mit den positiven Momenten ohne Unterschied anzunehmen. Jeder Moment, unabhängig von seinem emotionalen Inhalt, hat die Kraft eines Ratgebers. Jeder Moment hat einen Wert. Jeder Moment kann uns lehren und emotional aufbauen.

Die Stoiker im antiken Griechenland stützten ihre philosophischen Überlegungen auf diese Eigenschaft, die in ihrer Intention der „Losgelöstheit" im Buddhismus ähnelt. Ausgeglichenheit bedeutet einfach, dass man, wenn es im Leben bergab geht, fest in der Realität verwurzelt bleibt, dass man darauf vertraut, dass sich das Rad weiterdreht. Man muss akzeptieren, dass das Leben manchmal schwierig ist, und dass man ohne Groll einen Fuß vor den anderen setzen sollte.

Das luzide Träumen bietet Ihnen eine Möglichkeit, mit dem tiefsten Kern dessen, wer Sie sind, in Kontakt zu treten und bisher unbekannte Erkenntnisse zu dekonstruieren, die Sie entweder zurückhalten oder die

Sie in unerwünschte psychische Zustände wie Angst, Stress, Depression oder sogar Psychosen treiben. Aufgrund des Zugangs zu Ihrem Unterbewusstsein, den Ihnen das luzide Träumen gewährleistet, können Sie zu den unbewussten Erzählungen, Erinnerungen und verdrängten Erinnerungen aus der Vergangenheit vordringen, die Sie plagen. Dadurch besteht ein großes Potenzial, dass Sie auf der Reise durch den luziden Traum die geschätzte Eigenschaft der Ausgeglichenheit erlangen.

Es gibt nichts Wertvolleres für einen jeden Menschen, der auf diesem ramponierten Planeten wandelt, als die innere Gelassenheit, die uns dabei hilft, mit Integrität zu leben und unsere Launen und Unwägbarkeiten weder zu fürchten noch zu verurteilen.

Verbesserte Problemlösung und gesteigerte Kreativität

Das Leben stellt uns vor Probleme. Die meisten von uns verfügen nicht über das angemessene Maß an Ausgeglichenheit, um sie zu bewältigen, wenn sie auftauchen, und wir können Sie nicht immer sofort lösen. Wir schlagen um uns. Wir schimpfen über die Ungerechtigkeit des Lebens und suchen dann in unserem müden Hirn nach Lösungen.

Aber im luziden Träumen haben wir in solchen Situationen einen treuen Begleiter, der uns zu Seite steht. So wie wir manchmal einen weisen Freund aufsuchen, um mit ihm über mögliche Lösungen für unsere Probleme zu sprechen, können sich die Problemgeplagten unter uns an das luzide Träumen wenden, um die Antworten zu finden, nach denen Sie sich sehnen.

Das luzide Träumen ist zwar keineswegs wie eine Kristallkugel, die eine Antwort auf all unsere Fragen bereithält, aber es ist zumindest eine Quelle von Hinweisen. Aus diesen Hinweisen können wir die Lösungen ableiten, die wir suchen. Anhand von Traumsymbolen, Traumfiguren, Gesprächen und Beratungen mit unseren Geistführern und den Erzählungen, die uns lehren (aus unserem eigenen Unterbewusstsein), können wir mit Hilfe des luziden Träumens einen Weg nach vorne finden.

Manchmal bekommen wir sogar die Antwort, die wir suchen, getarnt als ein Symbol oder als eine Figur aus unserer Vergangenheit.

Das luzide Träumen dient darüber hinaus auch dazu, uns die nötige Kreativität zu vermitteln, die wir brauchen, um Antworten auf unsere Probleme zu finden. Die Hinweise, die wir in unseren luziden Träumen erhalten, sind nichts ohne unsere persönliche Interpretation derselben. Dies bringt uns auf das Thema der Macht der Kreativität und auf die Kunst des Lebens.

Wir haben in Kapitel 15 über luzide Kunst und kreatives Schreiben gesprochen, aber Kunst und Schreiben sind auch Mittel zur Lösung von Problemen. Kreativität ist sowohl eine Lebenskompetenz als auch eine Quelle der Euphorie der Katharsis (sie erlöst uns von Anspannung bei der Konfrontation mit unseren Problemen, wie die Wirkung der Kunst in Form der griechischen Tragödie im Theater). Wenn die Kreativität gefördert wird, wird die Problemlösung entsprechend unterstützt. Alle komplexen Denkweisen, die für die Schaffung von Kunst gelten, gelten auch für das Finden von Lösungen. Ein besserer Überblick erfordert ein detailorientiertes Auge, um die einzelnen Teile herauszufiltern. In diesen Komponenten von Kunst und Problemen liegt das Meisterstück: die elegant konzipierte Lösung.

Es scheint mir, als ob die Verbindung zwischen Kreativität und Problemlösung eine der größten Gaben des luziden Träumens ist. Wenn Träumende die Inhalte ihres Unterbewusstseins achtsam abbauen können, indem sie aus den Irrungen und Wirrungen ihres Gehirns Informationen herausfiltern, sind sie auch in der Lage, tiefgreifende Veränderungen in ihrem Leben zu bewirken.

Wir lernen mehr über Problemlösung und Kreativität durch das luzide Träumen, aber es ist nicht einfach, optimale, wissenschaftliche Empirie anzuwenden, da die meisten Forschungsarbeiten innerhalb der Gemeinschaft der luziden Träumer durchgeführt werden. Die persönliche Nähe der Forscher zum Thema hat - wie in jedem klinischen Umfeld - einen Einfluss. Ohne die Forschung, die von dieser Gemeinschaft ausgeht, gibt es jedoch kaum Möglichkeiten für interdisziplinären Input und die Erweiterung des Wissens zu den erforschten Themen.

Auch hier würde eine Partnerschaft mit der transpersonalen Psychologie viel dazu beitragen, dieses Hindernis im Bereich der Erforschung des luziden Träumens zu beseitigen. Aber auch die Neurobiologie und die Neurowissenschaften im Allgemeinen können zukünftig eine Rolle bei der Erforschung des luziden Träumens spielen. Ich hoffe, dass diese Partnerschaften und externen empirischen Mittel uns noch viel mehr über die wissenschaftlichen Grundlagen des luziden Träumens und die Rolle, die es für die Gesundheit der Menschheit spielen könnte, lehren werden, während sich das Feld weiterentwickelt und auf großes öffentliches Interesse stößt.

Mit luzidem Träumen das Leben der Menschheit verbessern

Ich glaube, dass das luzide Träumen über den anhaltenden, sensationsgeilen Status hinauswachsen wird, den es derzeit im öffentlichen Bewusstsein „genießt". Durch intensivierte Forschung und Studien außerhalb der Gemeinschaft der luziden Träumer wird man viel mehr darüber lernen, und mit mehr Wissen geht eine bessere empirische Wissensgrundlage einher. Mit dieser Grundlage werden die Induktionstechniken verbessert, und die Kunst des luziden Träumens wird eines Tages für viel mehr Menschen zugänglich.

Und das kann nur als positiv gewertet werden. Das kollektive Unbewusstsein ist real. Es ist ein Teil dessen, was uns Menschen ausmacht. Unterstützt durch das luzide Träumen und die Arbeit von Wissenschaftlern, Psychologen, Neurobiologen und vielen anderen Fachleuten stehen wir an der Schwelle zu einem unglaublichen Potenzial für die Menschheit, das sich uns durch das luzide Träumen eröffnet.

Wenn Luzidität solche Veränderungen im Leben des Einzelnen bewirken kann, was kann sie dann für uns als Kollektiv tun? Was würde passieren, wenn Milliarden von uns überall auf der Welt luzide träumen könnten? Wie könnten die Wunden, die das kollektive Unterbewusstsein im Laufe der Zeit erlitten hat, geheilt werden, und inwiefern würde diese Heilung zu weiteren positiven Veränderungen führen?

Könnte ein geheiltes kollektives Unterbewusstsein sogar auch diesen Planeten, unsere Heimat, heilen? Das ist eine gewaltige Frage. Und es ist ein mächtiger Gedanke.

Vorerst müssen wir uns damit begnügen, die Veränderung verkörpern, die wir in der Welt sehen wollen, indem wir das luzide Träumen unterstützen. Wir müssen heilen, lernen, uns weiterentwickeln und uns mit unseren verborgensten psychologischen Problemen auseinandersetzen. Je früher wir damit anfangen, desto besser.

Bonus-Kapitel: Checkliste „Luzides Träumen"

Um den Lesern einen guten Start auf dem Weg zum luziden Träumen zu ermöglichen, habe ich die wichtigsten Informationen in diesem Buch über Ihr bevorstehendes Abenteuer in dieser Checkliste zusammengefasst. In diesem Abschnitt finden Sie die wichtigsten Informationen über das luzide Träumen und wie Sie diesen Geisteszustand erreichen können, sowie unterstützende Maßnahmen, die die Effektivität des Träumens steigern werden.

- Absicht ist ein Schlüsselwort beim luziden Träumen. Was Sie wirklich zu tun beabsichtigen, werden Sie auch tun. Aber wenn Sie eine Absicht in eine Aussage umwandeln, gewinnt sie an Kraft und Wirksamkeit.
- Das luzide Träumen wird seit jeher in der Menschheitsgeschichte praktiziert. Daran ist nichts Neues.
- Beim luziden Träumen kann man nicht in Träumen „stecken bleiben" - keine Sorge.
- Sie müssen kein spirituelles Genie sein, um luzides Träumen praktizieren zu können.
- Das luzide Träumen hat keine negativen Auswirkungen auf die psychische Gesundheit.
- Je mehr Informationen Sie zur Verfügung haben, desto zuversichtlicher können Sie sein, dass Sie klare Antworten auf

Ihre Fragen erlangen.

- Ein Traumtagebuch ist ein absolutes Muss. Legen Sie es immer neben Ihr Bett. Es ist das Erste, was Sie morgens nach dem Aufwachen in die Hand nehmen sollten! Und vergessen Sie den Stift nicht!
- Bereiten Sie sich einen Traumraum, oder Ihr Schlafzimmer vor, um das Träumen zu schaffen, achten Sie auf:
  - **Gemütlichkeit**
  - **Dunkelheit**
  - **Ruhe**
  - **Reflektion**
- Denken Sie daran: Ihr Schlafzimmer ist zum Schlafen und Träumen da. Kein blaues Licht in Ihrem Schlafraum. Kein Fernsehen, kein Scrollen auf Ihrem mobilen Gerät, kein Kindle, kein Laptop.
- Trainieren Sie Ihr Gehirn mit einer Vielzahl von Hilfsmitteln, benutzen Sie z. B:
  - **Binaurale Beats**
  - **Meditation**
  - **Visualisierung**
- Denken Sie daran, dass Sie individuelle Bedürfnisse haben und dass verschiedene Techniken und Methoden bei unterschiedlichen Menschen mal besser, mal schlechter funktionieren. Wenn eine Induktionstechnik bei Ihnen nicht funktioniert, ist vielleicht eine andere oder eine Kombination von mehreren Methoden das, was Sie brauchen.
- Das Gleiche gilt für Realitätstests. Für welchen Sie sich auch entscheiden, es muss der sein, bei dem Sie sich am wohlsten und sichersten fühlen. Probieren Sie sie alle aus, bis Sie denjenigen (oder eine Kombination mehrerer Verfahren) finden, der für Sie am besten funktioniert:
  - **Wake Back to Bed (WBTB - auf Deutsch: Zurück zum Bett aufwachen)**
  - **Impossible Movement Practice (IRT funktioniert am besten in Verbindung mit WBTB - auf Deutsch: Unmögliche**

Bewegungsmethode)
- Die Zähltechnik
- Mnemonische Induktion
- MILD (englische Abkürzung, sie bedeutet auf Deutsch: Mitschreiben, Üben, Erinnern)

* Unerfahrene Träumer werden ermutigt, ihre Fähigkeiten auszubauen, indem sie den einfachsten Weg wählen. Zum Beispiel kann es sein, dass ein Konflikt nicht zu lösen ist. Verlassen Sie den Schauplatz eines Konflikts, der mit einer Traumfigur entstehen könnte, indem Sie sich in Ihrem Traum um sich selbst drehen oder einfach „fliegen". Wenn Sie mehr Erfahrung haben, werden Sie vielleicht auch bereit sein, zu kämpfen!
* Mehrere Methoden können den Zusammenbruch luzider Träume verhindern:
  - Spinning
  - Körperliche Berührung
  - Fokussierung auf ein physisches Detail
  - Einfache mathematische Probleme
  - Auf den Boden starren
  - Kopfschütteln
  - Konzentration auf die eigene Atmung
* Erwarten Sie nicht, dass sich die Zeit im luziden Träumen genauso verhält wie in der Realität. Sie hat in jeder Traumlandschaft, ob konventionell oder luzide, wenig Bedeutung.
* Bereiten Sie sich auf den Traumkörper vor, indem Sie Ihren eigenen Körper und seine Grenzen besser verstehen. Verbinden Sie sich mit Ihrem physischen Selbst, um es zu transzendieren, indem Sie eine Bewegungsform wählen, die Ihren Körper und Ihren Geist integriert.
* Vergessen Sie nicht, dass eine Realitätsprüfung immer hilfreich ist, wenn die Dinge „seltsam" werden.
* Die dreistufige Methode zum Erzeugen von Objekten in luziden Träumen:
  - Konzentrieren Sie sich zunächst tief auf ein Ihnen sehr vertrautes Objekt

- o Erforschen Sie Ihre emotionale Verbindung zu dem Objekt
- o Wählen Sie die richtige Umgebung für das Objekt, indem Sie es sich im Detail vor Ihr geistiges Auge rufen
- o Glauben Sie daran, dass sich das Objekt manifestieren wird, wenn Sie träumen
- o **Wiederholen Sie diesen dreistufigen Prozess im Laufe des Tages vor einer Klartraumsitzung, um die Absicht, das Objekt hervorzubringen, in Ihrem Geist zu verankern**

- Lernen Sie die Jung'schen Archetypen von Traumfiguren kennen, um sie zu erkennen, wenn sie in Ihren Träumen erscheinen.
- Denken Sie daran, dass die Traumfiguren Ihnen nicht immer bekannt oder vielleicht sogar feindlich gesinnt sind. Sie können nicht immer kontrollieren, wer im Traum auftaucht.
- Entwickeln Sie die Fähigkeit, im Laufe der Zeit mit Traumfiguren zu verhandeln, um mögliche Feindseligkeiten zu neutralisieren. Es handelt sich höchstwahrscheinlich um Probleme in Ihrem Inneren, die gelöst werden müssen.
- Ihre Traumlandschaft (Landschaft im Traum) kann so aussehen, wie Sie es wünschen, aber fangen Sie klein an. Besuchen Sie Ihre Traumlandschaft regelmäßig im Wachzustand, um sich ihre Details einzuprägen und sie in Ihrem Geist zu konkretisieren, damit Sie sie im luziden Traum hervorbringen können.
- Die Kontaktaufnahme mit Ihren Geistführern erfordert großen Respekt. Tun Sie dies nur, wenn Sie sich sicher genug fühlen, und wenn Sie in der Lage sind, sie in Ihren Traumraum einzuladen. Denken Sie daran - sie sind keine Interventionisten. Sie mögen Ihnen erscheinen, aber sie werden nicht eingreifen, wenn Sie es nicht wünschen.
- Ihr Traumheiligtum ist eine stabile Präsenz. Dieser Ort liegt ganz in Ihrer Hand. Nehmen Sie sich die Zeit, es im Detail aufzubauen und Ihren Bedürfnissen anzupassen.
- Sie und Ihre Geistführer können sich nur im Traumheiligtum treffen, wenn es stabil ist.
- Ihr Traumheiligtum ist Ihr Zuhause im luziden Traum. Es ist das Heiligtum Ihrer Seele, Ihres Geistes und Ihres Verstandes.

- Das Heilen im luziden Traumraum hat seine Grenzen. Luzides Träumen ist kein Ersatz für den Besuch bei Ihrem Hausarzt und/oder Ihrer psychologischen Fachkraft.
- Die IRT (Bildliche Übungstherapie) kann Ihnen helfen, Albträume zu überwinden. Sie können den Ablauf Ihres Alptraums ändern, indem Sie die Bilder und ihre Bedeutung umwandeln. Das Gleiche gilt für Menschen mit Schlafparalysen. Sie setzen sich die Absicht, den Alptraum/die Paralyseerfahrung zu verändern, indem Sie sie überarbeiten.
- Nicht alle Schlaflähmungen sind „schlimm": Die meisten Schlaflähmungen sind ein völlig normaler Teil des REM-Teils des Schlafzyklus.
- Erden Sie sich selbst, wenn Sie aus einem luziden Traum erwachen, indem Sie:
  - **In Ihr Traumtagebuch schreiben**
  - **Vor dem Schlafengehen meditieren**
  - **Mit Realitätstests während des Tages Ihrem Gehirn signalisieren, dass Sie sich an Ihren luziden Traum erinnern wollen**
  - **Ihre Intention oder Absicht beeinflusst Ihren Erfolg am meisten**
- Luzides Schreiben und Kunst lassen sich erreichen, indem man seine luziden Träume im Wachzustand heraufbeschwört und die Atmosphäre des Traums herbeiführt, ohne den Bewusstseinszustand aufzurufen.
- Zu den Vorteilen des luziden Träumens gehören:
  - **Verminderte Ängstlichkeit**
  - **Verminderte Depression**
  - **Geringere psychologische Störungen**
  - **Verbesserte Gelassenheit**
  - **Verbesserte Problemlösungsfähigkeiten**
  - **Erhöhte emotionale Kontrolle**

Gesteigerte Kreativität – diese erstreckt sich auf alle Lebensbereiche (siehe Problemlösung) und ist nicht auf künstlerische Kreativität beschränkt.

Luzide Träume geben Ihnen die Freiheit, Ihr Leben so zu leben, dass Sie Ihr volles Potenzial an Glück, Zufriedenheit und Erfolg ausschöpfen können. Zu lernen, wie man die Luzidität als Lebenshilfe nutzen kann, ist eine der hilfreichsten Fähigkeiten, die Sie für sich selbst und die ganzheitliche Gesundheit Ihres Körpers und Geistes aus den luziden Träumen gewinnen können.

Referenzen

Horton, C.L., 2020, Key Concepts in Dream Research: Cognition and Consciousness are Inherently Linked, but do not Control "Control"!", Front. Hum. Neurosci. 14:259

Nieminen, J.O., Gosseries, O., Massimini, M., Saad, E., Sheldon, A.D, Boly, M., Siclari, F., Postle, B.R., Tononi, G., 2016, Consciousness and cortical responsiveness: a within-state study during non-rapid eye movement sleep, Scientific Reports, 6: 30932

Crookes, D., 2021, Können unsere Gehirne beweisen, dass das Universum ein Bewusstsein hat, Space.com

Hess, G., Shredl, M., Goritz, A.S., 2016, Lucid Dreaming Frequency and the Big Five Personality Factors, Sage Journals, Forschungsartikel, Online-Quelle

Baird, B., Castelnovo, A., Gosseries, O., Tononi, G., 2018, Frequent lucid dreaming associated with increased functional connectivity between frontopolar cortex and temporoparietal association areas, Scientific Reports number 17798

Moutinho, S., 2021, Wissenschaftler drangen in die Träume von Menschen ein und brachten sie zum Sprechen" Science Magazine

Papachristou, C., 2014, Aristoteles' Theorie des "Schlafs und der Träume" im Lichte der modernen und zeitgenössischen experimentellen Forschung, Thessaloniki, Griechenland, E-LOGOS, University of Economics

Keevak, M., 1992, Descartes' Dreams and Their Address for Philosophy, Philadelphia, PA, Journal of the History of Ideas, University of Pennsylvania Press

Wright, D., 2011, Did Alleged Arizona Shooter Jared Loughner Think He Was Dreaming During Attack?, ABC News (Ein hervorragendes Beispiel für die Ausnutzung des luziden Träumens in der Populärkultur, um die Zuschauer anzulocken).

Blanke, O., 2018, Out of body experiences and their neural basis, London, UK, BMJ, British Medical Association

Nielson, T., 2020, The COVID-19 Pandemic is Changing our Dreams, Scientific American

Scott, M., Datum unbekannt, Dreaming Awake (Schamanisches Träumen), The Blog for thoughts, ideas and random acts of radicalism

Spoormaker, V.I. und van den Bout, I., 2006, Lucid Dreaming Treatment for Nightmares, a Pilot Study, Basel, Schweiz, S. Karger AG

Albert, J., Houle, K., Kalasinski, S., King, J., Washington, S., Clabough, E., 2014, Exploring the relationship between creativity and lucid dreaming, Boone, NC, Impulse: the Premier Undergraduate Neuroscience Journal, Appalachia State University

www.ingramcontent.com/pod-product-compliance
Lightning Source LLC
Chambersburg PA
CBHW070329010526
44107CB00004B/467